千古奇案系列

梦回大宋
看奇案

姜正成◎著

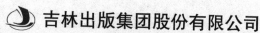
吉林出版集团股份有限公司

图书在版编目（CIP）数据

梦回大宋看奇案／姜正成著. —长春：吉林出版
集团股份有限公司，2018.7
ISBN 978-7-5581-5544-4

Ⅰ.①梦…　Ⅱ.①姜…　Ⅲ.①中国历史—宋代—通俗
读物　Ⅳ.①K244.09

中国版本图书馆 CIP 数据核字（2018）第 149785 号

梦回大宋看奇案

著　者	姜正成	
责任编辑	王　平　史俊南	
开　本	710mm×1000mm　1/16	
字　数	210 千字	
印　张	15	
版　次	2018 年 7 月第 1 版	
印　次	2018 年 7 月第 1 次印刷	

出　版	吉林出版集团股份有限公司
电　话	总编办：010-63109269
	发行部：010-67208886
印　刷	北京市通州大中印刷厂

ISBN 978-7-5581-5544-4　　　　　　　　　　定价：49.80 元

前　言

　　宋朝，分北宋和南宋两个历史阶段，18帝，国祚319年。与汉、唐、元、明、清诸朝相比，在疆域方面，由于北方少数民族的压迫而显得局促了许多。宋在与北方辽、西夏、金、元诸政权的角逐中，从来没有占过上风，在军事国力方面，也给人们留下了一个相当脆弱的印象。然而说到政治、经济和文化诸方面，宋代绝不比他朝逊色，甚至还时显优势。比如说，宋代朝政称得上是中国历史王朝中较为开明的，皇权稳固，优礼儒士，注重文治而杀戮较少。四大发明中，火药的完整配方及其应用于军事，以天然磁石制造指南针的方法，印刷术方面发明活字排版等，都出现于宋代。而其商品经济的繁荣程度也是令人相当惊讶的，一些重要城市的人口已经超过百万，这在当时世界上是绝无仅有的。史学大师陈寅恪就认为："华夏民族之文化，历数千载之演进，造极于赵宋之世。"所以，宋王朝是中国历史上一个相当重要的时期。

　　有些文人在记载历史时，常常会为了某种目的而故意歪曲事实乃至编造历史，这样就使很多问题变得更为复杂，甚至扑朔迷离。有时这样

做往往还是一种下意识的行为，如作为古代传统的史官，其写作与记录中都渗透了给皇帝及其统治集团涂脂抹粉的印记，为尊者讳的传统在中国根深蒂固。这样的史料在中国古代绝非少数，可以说其中充斥着许多是非颠倒的描述，误导后人，误导民众。我们如何将这些史料中涉及"为尊者讳"的内容拨乱反正，还人们一个较为清晰的历史真相，这需要有相当的学问功底，也需要花费一定的时间精力，才能从这些历史的迷宫中走出。

宋朝是中国历史上很富裕的朝代；宋的政治制度非常完善，甚至被近代的欧洲国家所借鉴；宋没有面对外戚专权、宦官专权、王室叛乱等历朝都有的忧患，也没有爆发全国性的农民起义……但就是这样一个经济发达、政治制度完善、内忧极少的国度却屡受北方游牧民族的侵犯，陷入战争的泥沼中屡战屡败，最终靠接受屈辱条约而苟且偷安，以至于成为了中国历史上最懦弱的朝代。宋有太多的辉煌但是最终却一败涂地，这些看似矛盾的因果，背后自有其必然性；这些看似难以理解的现象，历史总会给我们一些蛛丝马迹去探寻。

摆在读者面前的这本书只是现阶段我们所面对的相关史料，结合许多历史学家的研究成果，所作的一个较为通俗的介绍，感谢这些历史学家的辛勤劳动，为本书的编写打下了基础，希望它能引起历史爱好者的兴趣，帮助人们去作进一步的探索。

上篇 高高在上的皇权疑案

有人说宋朝的皇帝没有实权。然而，这也不完全正确。宋代的皇权和相权,究竟谁强谁弱？历史给我们留下了数不清的疑点。

下篇 文臣名将的千古冤情

宋朝的将领中不乏精忠报国者，这些人励精图治，为国家和社会着想，为百姓安康着想。然而，这些人却备受蒙冤。他们有着怎么样的冤情，到底受到了什么样的罪过，这些谜团造成了巨大的历史千古奇案。

上 篇

高高在上的皇权疑案

　　有人说宋朝的皇帝没有实权。然而,这也不完全正确。宋代的皇权和相权,究竟谁强谁弱? 历史给我们留下了数不清的疑点。

宋太祖赵匡胤："烛影斧声"千古案

太祖之死，蹊跷离奇，但太宗抢在德芳之前登基却是事实。太宗的继位也就留下了许多令人不解的疑团，因此，历来便有太宗毒死太祖之说。纵观古今各种说法，似乎都论之有据，言之成理，然而有关宋太祖之死，当前仍未找到确凿无疑的材料。

赵匡胤神秘死亡之谜

政治从来都是伴随着权势的倾轧，俗话说"一将功成万骨枯"，帝王的宝座金镶玉嵌，谁知道背后的血雨腥风。

公元 960 年，赵匡胤成功地通过历史上有名的"陈桥兵变"，一举夺取了政权，成为了宋太祖。赵匡胤的政权结束了长期的战乱，使得社会经济得以稳步发展，成为了宋朝开国皇帝。然而，公元 976 年，在他刚刚 50 岁时，竟然稀里糊涂地死了。官修《宋史》对宋太祖的猝死原

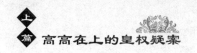

因做了各种各样的遮掩和粉饰，但仍通过一些破绽证明：赵匡胤是被谋杀的。

官方的记录非常潦草："癸丑夕，帝崩于万岁殿，年五十。殡于殿西阶……"至于死因，根本没提。坊间的猜测五花八门：有的说，死于饮酒过度，还有的说，因腹下肿疮发作而病亡……

其实，最大的嫌疑犯就是最大的受益人——赵匡胤的政治接班人赵光义。《湘山野录》中记载，赵匡胤死前一晚，天气极寒，他跟赵光义饮酒，俩兄弟一直喝到深夜。本不该留宿内廷的赵光义却守护在皇帝身边，第二天天刚刚亮，赵匡胤就不明不白地死了。赵光义受遗诏，于灵前继位。当夜，赵匡胤发出莫名其妙的呼喊声，且传出"烛影斧声"。《烬余录》甚至写出了花蕊夫人与赵光义的奸情。诸多疑点暴露了太祖驾崩之夜的不正常。赵光义即位后，亲自主持编修《太祖实录》，并三次修改了其中一些内容。即便这样，他本人还是不太满意。为了一位死去皇帝的"起居注"，至于费这么大劲吗？真是欲盖弥彰，越描越黑。

《太祖实录》出现的所谓"金匮预盟"，使得赵光义篡位的政治基础游移、暧昧，难以服人。《宋史》把这份神秘的"金匮预盟"描绘得头头是道——杜太后是个通情达理的女人，病危前，她把赵匡胤和丞相赵普叫到床前，留下了匪夷所思的"遗嘱"。太后认为，赵宋之所以能获取后周的江山，就是因为周世宗任用了一个小孩当皇帝，如果是一位壮年英武的君主，绝不会出现"陈桥兵变"。

为了不让这种惨痛的历史重演，为了维护赵宋亿万年社稷，太后责令赵匡胤必须选择一位"长君"做接班人。赵匡胤痛痛快快地答应了。太后自然非常满意，遂命赵普白纸黑字记录下来，并把这份政治遗嘱当作"基本国策"珍藏在黄金宝柜里。倘若果真如此，也算赵光义正大光

明。可偏偏所谓的"金匮预盟"来历非常暧昧。

有趣的是，《太祖实录》第一次编修的时候，居然未对这件重大事件做丝毫记载。《宋史》记载的"金匮预盟"，是后来才加进去的。

为剪除后患，赵光义不惜对至亲骨肉，大开杀戒。太平兴国四年（979 年），德芳之兄赵德昭被宋太宗逼迫自杀。太平兴国六年（981 年）德芳病死，英年早逝，年 23 岁。因为赵德芳兄弟在短时间内连续死亡，许多人怀疑德芳死因不单纯，定与宋太宗有关。

另说宋太祖赵匡胤驾崩以后，其弟赵匡义登了龙位。太祖的大儿子赵德昭心中不服，上殿讨回社稷，怒恼了太宗匡义，赵匡义要斩赵德昭，赵德昭含恨撞柱身亡。贺后闻讯,带领太祖的次子赵德芳急上金殿，痛斥赵匡义。赵匡义理屈，无言答对，却不肯让出社稷。只得好言相劝，重重加封贺后。他把昭阳院改作养老宫，赐给了贺后尚方宝剑，统管三宫六院。他封赵德芳为：勤王，良王，忠王，正王，德王，廷王，上殿不参王，下殿不辞王。又赐予凹面金锏，可以上打昏君，下打谗臣，压定满朝文武，大小官员。自此，赵德芳便成了宋室的有权有势的八贤王了。

最让人感到莫名其妙的是，赵光义的子孙后代却认定他们的老祖宗"杀兄篡位"的说法，后来把皇位又传给了赵匡胤的后代。这是后话，说的是宋高宗赵构传位的事。

据说赵构没有儿子，谁来继承皇位呢？大臣们议论纷纷。有一种强有力的意见是：赵匡胤是开国之君，应该在他的后代中选择接班人。起初，赵构对这种议论严加贬责。忽然有一天，他又改变主意，说他做了一个梦，梦见宋太祖赵匡胤带他到了"万岁殿"，看到了当日的"烛光剑影"的全部情景，并说："你只有把王位传给我的儿孙，国势才有可能有一线转机。"于是赵构终于找到了赵匡胤的七世孙赵慎，并且把皇位传给了他。这时离那个血腥的恐怖之夜已经有 187 年了。

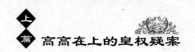

这恰恰说明了赵构承认了祖先的罪孽，也给了赵匡胤之死一个基本的答案。

这惊心动魄的一切，不过是历史上众多相似场景的一幕。

正是在这种情况下，出现了著名的"斧声烛影"传说。据说当天晚上星斗灿烂，赵匡胤本来心情不错，但突然间阴风四起，雪雹骤降，于是他找来弟弟赵光义一起喝酒，随侍的人都在外等候。饮宴结束后，大雪已经积了几寸，人们远远望去，只见烛影下闪烁的身影。又听到赵匡胤用斧戳雪的声音，随后他解衣安寝，鼻息如雷。到五更时分突然没了声响，原来他已经悄然去世了。

还有一种说法，说是赵光义对赵匡胤的妃子花蕊夫人垂涎已久，一天半夜，他趁赵匡胤病中昏睡不醒时调戏花蕊夫人，惊醒了赵匡胤。赵匡胤盛怒之下顺手抄起床边的玉斧砍赵光义，但力不从心，反而被赵光义杀死。

又有人说，赵匡胤是被赵光义下毒杀害的。因为在赵匡胤创业之初，赵光义就一直是他的得力助手。从陈桥兵变到平定江南，他立下了汗马功劳，自然而然地认为在赵匡胤死后，皇位应该由自己来继承。但赵匡胤并没有要将皇位传给他的意思，却想传给自己的儿子赵德芳，于是赵光义就趁赵匡胤出兵北汉的时机，下毒将他杀害，夺取了皇位。

还有另一种说法，就是当赵匡胤在世时，已经按照母亲杜氏的吩咐，决定将皇位直接传给弟弟赵光义。他是一个孝子，将传位诏书封在匣内，密存于室，向众人说明以后要让赵光义继承皇位，到时开启密匣即可。这就是所谓的"金匮之盟"，也是赵光义"兄终弟及"的合法根据。按照这种说法，赵光义根本就没有必要为了篡位弑兄，赵匡胤应当是因病猝死的。

其实若从情理上来说，还是赵匡胤被赵光义鸩杀的可能性更高一些。

首先赵匡胤去世时已经有了两个儿子，并且还有了皇孙，按照中原王朝自秦以来的皇位继承习惯，绝没有传弟不传子的理由。虽然赵光义功高，但赵氏族中功高者远不止他一人，而且赵匡胤去世时不过五十岁，之前还在指挥北征北汉的大事，如果说是猝死而又无正式记载，是很难让人相信的。"斧声烛影"故事中的疑点也很多，以赵光义这一外王的身份，赵匡胤是否愿意把他留在宫中过夜本身就是一个问题。而且传说中的"斧声"之斧，其实是一柄杖头饰有玉片的金权杖，这样的斧子很难奏出"斧声"，更难用来砍人。将这些情况综合起来考虑，最大的可能性就是赵匡胤被打算篡位的赵光义鸩杀。

赵匡胤篡周自立，在位 17 年，虽然在政策上重文抑武，但本人仍旧是以军功为主。他战平南方，对北方几次用兵，转战南北，以恢复云十六州、重现汉唐盛世为己任，初步完成了统一大业，使得在经历了长期动乱之后的中原再现太平盛世的契机。与五代十国的动荡政局相比，赵匡胤所开创的宋代的政治生活中野蛮、蒙昧的因素在消减，理性、人道、文明的色彩在增多，政治运作的文明化、理性化的程度大大提高，从而对整个的两宋社会产生了积极的规范和影响。又因为他施政得当、心思缜密、待人宽厚，使得北宋没有继五代之后而成为第六个短命的朝代，而且他确立了攘外必先安内的立国宗旨，将一个分裂的帝国重新聚拢起来，注重军事技术与财政组织两者之间的协作，使得北宋一朝虽然内敛，却也涌动着勃勃生机，在重文抑武、守内虚外的保守政策指导之下，与周边张牙舞爪的铁骑强族对抗了三百多年。从这个角度出发，应该说赵匡胤是一个非常大气的政治家，这种大气建立在他对人情世故的敏锐直觉和对天下大势的极强洞察力上。因此他显示出一种恢宏大度的行为气质和上善若水的王者风范，这种气质也强烈地感染着他所开拓的帝国，使得宋朝体现出了空前绝后的温柔、和平、繁华与富足。中国历史也在

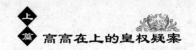

经历了长时期的金戈铁马、血雨腥风之后，再度显现出雍容华贵、妩媚动人的万种风情。

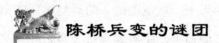

陈桥兵变的谜团

雄才伟略的柴荣曾经感叹说："假如我能再有三十年生命，一定要用十年统一天下，十年休养生息，十年致太平。"只可惜他壮志未酬身先死，年仅39岁就告别人世，将天下拱手让给赵氏。去世之前，他正在北征的路上，沿途敌军已经望风而逃，许多契丹控制下的城池已经被收复，但柴荣却在此时病倒。

据说病中的柴荣在翻看文件时，曾经莫名其妙地得到一个锦囊，里面装着块木条，上面写着"点检为天子"几字。柴荣顿时警惕起来，对时任殿前都点检的张永德产生了怀疑。随着病情加重，柴荣准备防患于未然，他让跟着自己出生入死、深受自己信任的赵匡胤取代了张永德的位置。不久世宗柴荣去世后，儿子柴宗训即位，即为后周恭帝。虽然柴荣在位只有五年半，但他的文治武功已经为结束割据局面的事业奠定了基础，确为五代时最杰出的统治者。

即位的后周恭帝年仅7岁，不能当政，只能让太后辅佐，国家的政治前途因此笼罩在一片迷雾中。不久之后，北方传来消息，说是北汉与契丹联手前来进犯，恭帝急忙命令赵匡胤率大军前去抵御。其实这只是

赵匡胤制造出来的假消息，他率军出发的目标不在北方而在皇城。天下没有不透风的墙，赵匡胤的计划被泄漏了出去，京城里人心惶惶，许多人已经在收拾东西，打算逃离即将到来的政权交替。

但后周皇室还被蒙在鼓里，也有一些大臣对赵匡胤产生了怀疑，甚至有人打算在临行前把他除掉，但终因当权者们的麻痹大意而未能施行。赵匡胤率军出了京城，当行军到附近的陈桥驿时，他手下亲兵们就开始执行兵变计划，先是宣扬"点检为天子"这条谶语，随后赵匡胤的弟弟赵光义又率领着众军士，在一个黎明逼近赵匡胤的寝所大声喧哗。当赵匡胤出帐时，赵光义宣布了将士们打算拥立新皇帝的计划，在兵士们一片"现在三军无主，我们愿意拥立您为我们的天子"的高喊声中，有军官将一件黄袍披在赵匡胤的身上，众将士纷纷拜倒。

赵匡胤被人们架上了马，接受大家的朝贺。他见时机已到，就揽着缰绳对将士们说："我有号令，大家都能听从吗？"大家齐声高喊："唯命是从！"于是赵匡胤就宣布了几条稳定京城秩序的命令：不能惊扰昔日的主人——后周的太后和皇帝；不能怠慢与他同朝为官的后周大臣；进京之后不许擅自闯入朝廷府库和官民之家，更不能趁机抢掠。最后他提醒众人，尊令者将得到赏赐，而违令者格杀勿论。

于是赵匡胤的军队纪律整肃地返回京城，在最短的时间内顺利地铲除了反对派，随后赵匡胤命令将士们回营，他单人独骑进了后周皇宫正门明德门，向仍然对形势一无所知的后周皇室正式摊牌。过了一会儿，将士们押着后周宰相范质等人赶来，赵匡胤一脸悲伤地告诉他们自己已经迫不得已做了皇帝，还没等范质等人回话，赵匡胤手下的将领就已经手按重剑，在一旁厉声大喝，为新皇帝大造声势。

看到这种气焰嚣张的样子，范质明白事情已经无法挽回，于是在短暂的僵持之后，他退到阶下，向赵行礼参拜，其他人也随之拜倒。文武

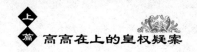

百官们迅速被召集到场，列班站好之后，赵匡胤的谋士拿出早就准备好的周恭帝的退位诏书，当场宣布周恭帝禅位于赵匡胤。于是赵匡胤被人扶上宝座，接受众人的恭贺，正式即皇帝位，改国号为宋，年号建隆，这一年是公元 960 年。

虽然赵匡胤本人和宋代的史书里都再三声明他是糊里糊涂当上了皇帝，但实际上谁心里都明白，这场陈桥兵变、黄袍加身的闹剧，本来就是由赵匡胤本人和他的忠实策划者们一手导演的。陈桥兵变基本上是一次和平兵变，没有喋血宫门，伏尸遍野，更没有烽烟四起，兵连祸结，几乎是"兵不血刃，市不易肆"，就取得了改朝换代的成功，创造了"不流血而建立一个大王朝的奇迹"。事实上，兵权、实力等等这些绝对的优势，只能保证兵变的最终成功，至于以什么方式成功，则很大程度上有赖于决策者的谋划水平和政治见识，能够将大事化于无形，翻手为云、覆手为雨，这本身就充分地体现了赵匡胤的政治手段。其中较为明显直观，且为后人津津乐道的一点是：兵变之际，赵匡胤曾数次"严敕军士，勿令剽劫"，从而保证了兵变入城时的纪律严明，秋毫无犯，由此赢得了民心，"都城人心不摇，四方自然宁谧"。这与五代某些"纵兵大掠"的兵变相比，赵匡胤的"严敕军士"无疑表现出一种政治见识。事实上，严格军纪，争取民心，这是一般的政治常识，五代时的其他兵变者未必全都想不到这一点。问题的关键是，在兵骄将悍，"鼓噪哗变"的情形下，要有怎样的筹划和运作才能将这一点落到实处？从所谓的"点检为天子"传言，到莫名其妙地出现又消失的契丹军队，包括之后以赵光义为首的图谋叛乱者们何时何地行动，都应当是赵匡胤长期准备、预谋多时的严密而成功的政治行为。当然，这出戏的结局也是完美的，一方面赵匡胤的篡位显得名正言顺，一派民心所向、众望所归的气势；另一方面给了后周朝廷一个措手不及，朝廷大臣和京城百姓们也没有受到太多

惊扰和伤害。赵匡胤精心策划的一出好戏就这样表面上波澜不惊地结束了，这场政变以最小的代价获得了最大的成功。

与很多开国皇帝一样，赵匡胤虽然用计谋取得了皇位，但并不能表示从此就拥有了广阔的江山和至高无上的权利。当时宋朝的北边有实力强盛、称霸漠北的契丹政权，在契丹支持之下的北汉也时常对宋朝进行骚扰。在赵匡胤刚刚取代后周、建立北宋的时候，他所面临的困境正是当年他的旧主、后周世宗柴荣所面临的问题，他所要实现的理想也正是柴荣早就想做而未来得及实施的。

客观地说，与小小年纪、不谙世事的周恭帝比起来，能力出众而又手握军政大权的赵匡胤确实更适合掌管天下、把握政局，也只有他能够尽快结束战乱的局面，使中原重归一统，重现汉唐盛世。如果抛开"家天下"的眼光来看，除了国号从周变成宋，皇帝从姓柴变成姓赵以外，赵匡胤确实是柴荣未尽理想与事业的最好继承人。而他的夺位除了实现自己的野心之外，也确实符合了历史与时局的要求，真正是"天命所归"的结果。

但赵匡胤很珍惜轻松到手的江山，他不打算让"天命所归"的好戏再度重演。自唐朝灭亡以来，武将们擅立天子的事情可说是少见多怪。赵匡胤自己当了皇帝，建立大宋王朝以后，第一件事就是杜绝这样的"天命"，消灭手下那帮武夫在擅言废立、改朝换代方面的潜在力量，彻底清除了其他人黄袍加身的可能性。

赵匡胤首先废除了殿前都点检一职，这个帮他登上帝位的名词从此成为历史。下一个需要整顿的是禁军，因为他自己就是靠手握禁军大权而终成大事，其重要性已经显而易见。如果能把禁军的统帅权收在自己的手中，将是再保险不过。当时为赵匡胤统领禁军的是已经跟随他多年征战沙场的大将石守信，为了彻底消除危险，也为了以后不至看到兔死狗烹、鸟尽弓藏的悲剧发生，赵匡胤在详细思虑以后，决定和大将们摊牌，用和平的方式彻底解决此事。

就这样，历史上著名的"杯酒释兵权"的故事发生了。在赵匡胤许下的"良田美宅、歌儿舞女，显赫富贵、子孙安乐，两无猜忌，其乐融融"的诺言中，石守信、王审琦、高怀德等一班大将纷纷称病辞职，解除兵权，到地方上去做了有名无实的节度使，得到了重重的赏赐，也与赵匡胤结为儿女亲家，从此颐养天年。

综观中国历代帝王驾驭功臣的策略不外乎杀、养、用三种，或兼而有之。无论采取哪种策略，都是出于巩固君主专制统治的需要。但是，对功臣采取杀戮的策略，容易激化君臣矛盾，不利于社会稳定。与汉高祖刘邦和明太祖朱元璋建国之后大肆屠杀功臣不同，赵匡胤采取了对功臣养而不用的策略。对功臣采取养起来的政策比较稳妥，有利于调节君臣关系，赵匡胤用和平的做法，轻而易举地解决了让所有的开国君主都头疼的军权分配问题，避免了以后出现臣下功高镇主、难于驾驭，以及疑忌杀戮、终成大祸、动摇国家根基的可能性。与此同时，赵匡胤能够采用这种方式来解决问题，不与曾经共患难的功臣们勾心斗角，本身也反映出了他的一种仁慈和宽厚，最终得到了历史的认可与称赞，被传为千古佳话。

除了用"杯酒释兵权"的计策将军权收归手中之外，赵匡胤还颁布了一整套有特色的施政手段。他对文官、言官这些手无缚鸡之力的文人采取尊敬的态度，并且下令永远不杀士人、不杀言官。在立国之初，赵匡胤就在太庙庆殿的夹室内立下一块石碑，上面刻着三条誓约：

保全柴氏子孙，不得因有罪加刑；不得杀士大夫和上书言事之人；不加农田之赋。

赵匡胤严重警告后世子孙不得背弃上述誓言，否则即为不祥，必将

遭受天谴。后来，当宋朝的新天子即位时，朝拜完太庙之后，必须跪着默诵誓词。按照规定，当时只能有一个不识字的内侍跟随着皇帝，其他人只能远远等候。因此，除了宋朝的历任皇帝，再没有人能够知道誓约的内容。公元 1127 年，靖康之变发生后，金国人为了搜罗战争赔款，将宋朝皇宫的宫门全部打开，人们这才看到了石碑的神秘容颜。据说这块石碑高七八尺，宽四尺多，作为大宋帝国的祖宗家法世世传承。正是在这些誓言的约束下，宋朝成了中国历史上最温和的朝代。

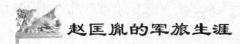

赵匡胤的军旅生涯

自从黄巢失败之后，名存实亡的唐朝政权又苟延残喘了 20 余年。其间新旧藩镇林立，战乱不休，大小军阀割据一方，各自为政。在经过多年的相互攻击与兼并之后，公元 907 年，朱温篡唐称帝，建立后梁政权，曾经辉煌的大唐帝国就此瓦解。从此军阀割据成为惯性政治，北方出现后唐、后晋、后汉、后周政权的频繁更迭，在更加混乱的南方，更多割据小政权纷纷诞生，中国进入了长期的军阀混战时期，史称"五代十国"。时间的车轮很快推进了半个世纪，北方的契丹民族日益强盛，中原的武人政治却已经没有太大的发展空间，饱尝战乱之苦的民众极度渴望社会安定，中国历史再度出现了统一的契机。

在武人角逐天下的时代里，铁马金戈成了英雄与权力的代名词。当忠贞与道义被一个个篡位的武人挥剑斩于马下之后，谁也不知道这些叛逆的政权能够维持多久，不知道武人政治究竟能走多远。一将功成万骨枯的惨烈让手持兵符的人登上权力的顶峰，成王败寇的循环让整个五代十国如灰色漩涡般绝望而冷漠。谁能够打破循环，重新聚拢起分裂的帝国？民众们需要雄才大略而又施政宽厚的领袖，时代给了赵匡胤这个温和的武人以机会，他成了中国历史上一个极为富庶而文明的王朝的开创者。

赵匡胤的先祖曾经担任过唐朝的县令和刺史，直到赵匡胤的父亲赵弘殷时期，赵氏家族才开始显贵。骁勇善战的赵弘殷擅长骑射，立下卓著军功，深得后唐庄宗信赖，在后周时期步步攀升，到了周世宗统治时期，深受柴荣欣赏信赖的赵弘殷被任命管理禁军，可谓显赫一时。

公元 927 年 2 月，赵匡胤出生在洛阳夹马营。据说他出世时满屋异香，刚一降生就满身金黄，光彩夺目。虽然这个传说未必可信，但他确实拥有一个小名为"香孩儿"。出生于军臣世家的赵匡胤从小就受到良好的军事教育，小小年纪就气度非凡，再加上天资聪颖，学习骑射都要比同龄人强很多。有一回少年赵匡胤和同伴们试着驯服烈马，但还没来得及上鞍，马就挣脱缰绳跑到了大街上。霎时间道路大乱，人人自危，但在千钧一发的时刻，赵匡胤飞跃上去，制服了烈马，一街行人因此幸免于难。

小小年纪的赵匡胤已经显示出了非凡的胆识和智慧，稍长一些后，他投到正在招兵买马的郭威麾下，作了一名亲兵。郭威当时还担任着后汉的天雄军节度使，后来郭威在部下的拥立下夺取了后汉政权，建立后周，是为后周太祖。赵匡胤跟着他耳濡目染，学到了许多政治谋略，就连夺取政权的方法也被他借去。

王全斌之伐蜀也，属汴京大雪，太祖设毡帷于讲武殿。衣紫貂裘帽以视事。忽谓左右曰："我被服如此，休尚觉寒。念征西将士，冲冒霜

雪，何以堪处？"即解裘帽，遣中使驰赐全斌。仍谕诸将曰："不能遍及也！"全斌拜赐感泣，故所向有功。

虽然刚投奔到郭威麾下的赵匡胤还很年轻，而且与父亲共事一主，但他并不依靠父亲的权势作为自己的晋升阶梯，而是勇猛作战，积累下了许多军功。郭威去世后，养子柴荣继位，是为周世宗。周世宗也是一个具有杰出军事才能和政治才能的人，他高瞻远瞩，采取了许多利国利民的措施，希望能够富国强兵，统一疆土。人们都说强将手下无弱兵，赵匡胤跟随着柴荣这样的英雄，也表现得极为出色。有一回柴荣与北汉军队在高平交战，正打到难解难分的时候，后周的前军指挥樊爱能胆怯逃跑，形势顿时对后周军十分不利。正在危急关头，赵匡胤率领军队，亲自策马直冲北汉军队前锋。北汉军队没想到他如此勇猛，顿时大乱，柴荣率军乘势收复了河东城。赵匡胤在这一战中身负重伤，虽然左臂中箭仍然英勇作战。待到班师回朝之后，柴荣便委任赵匡胤为殿前都虞侯、严州刺史，为自己统领禁军。

高平之战对赵匡胤一生事业有很重要的影响。赵匡胤在高平的一次战役中奋勇杀敌，为郭威的驸马爷张永德所赏识，在世宗面前极力夸赞他的智勇，于是他被拔擢为殿前都虞侯领严州刺史，这算是赵匡胤的第一次崭露头角。自此以后，便见两人日益亲密，并且共同树立派系、排斥异己。单从职务上看，此时赵匡胤在后周朝中还没有什么影响力。但高平之战却给赵匡胤带来两项意想不到的收获。一是与张永德建立了密切的关系；二是赵匡胤受命负责后周禁军的选拔。这与后来赵匡胤的政治举措是有极大关系的。其时，张为殿前司的统帅，而赵则奉世宗之命负责殿前司的扩充，无疑为他们的树立派系、排斥异己提供了一个最好的机缘。这其中一个绝好的例证，就是以赵匡胤为首的"义社十兄弟"。义社十兄弟大都是后汉时期投军的。高平之战后，他们得到赵匡胤的提拔才得以在殿前司各军中担任中级将领。其中石守信为铁骑控鹤四厢指挥使，王审琦为铁骑都指挥使，刘廷让为铁骑右厢指挥使等等，这与赵匡胤负责"殿前诸班"的扩充有着直接的关系。这些亲信的存在，为陈桥兵变的实施积攒了实力和基础。

在长期的军旅生涯中，赵匡胤带兵有方，养成了令行禁止、铁面无私的习惯，即使是父亲也不例外看待。当他守城时，为了防患于未然，晚间一律紧闭城门，严禁任何人进出，有一回赵弘殷在夜间领兵到了城下，传呼赵匡胤开城门迎接，但赵匡胤却在城楼上对父亲说："父子之间固然是至亲，但城门启闭的命令是军令、王命，断然不可违抗。"就这样，直到第二天早上，他才把父亲迎进城。

拿下南唐，统一南北，一直是周世宗柴荣的梦想，所以当他在位时，后周与南唐的战事不断。赵匡胤随着世宗攻打南唐，屡立战功。在一次南征未果之后，南唐加强守备，柴荣想方设法要重创南唐驻军却总无机会，正想要与群臣商议战事的时候，赵匡胤却已经领会了世宗的战略意图，带领麾下亲兵出战，没多久就大破南唐驻军，让柴荣喜出望外。此时的南唐也注意到了赵匡胤这位猛将，送去一封招降书和白金三千两想要收买他，没想到赵匡胤却把书信和白金一起上缴，让南唐的计策落空，也让柴荣对他更加信任。于是赵匡胤被进封为忠武节度使，这一年他31岁。

赵匡胤杯酒释兵权之谜

赵匡胤杯酒释兵权，既不伤君臣和气，又解除了大臣的军权威胁，是历史上有名的安内方略。

宋太祖赵匡胤依靠自己所掌握的禁军大权，轻而易举地完成了改朝换代，为赵姓家族夺取了天下。赵匡胤深知掌握禁军兵权对巩固政权的重要性，因此，宋朝一建立，他就吸取后周亡国的教训，加强对禁军的控制，并迅速取消了殿前都点检的官职，从此不再设置此职。

赵匡胤登基为宋太祖后，为了嘉奖参与及支持陈桥驿兵变的禁军将领，特升任慕容延钊为殿前都点检，高怀德为殿前副都点检，韩令坤任侍卫马步军都指挥使，石守信为侍卫马步军副指挥使等等。公元961年，即赵匡胤登基当了皇帝的第二年，他见政局已经完全控制，赵姓宋王朝正如旭日东升，于是决心解除这些禁军重要将领的兵权。这年闰三月，赵匡胤解除慕容延钊与韩令坤等人的禁军主帅职务，宣布殿前都检点一职不再设置，让这些禁军主帅到外地当节度使。因为石守信是自己的拜把兄弟，就让其接替韩令坤任侍卫马步军都指挥使。此后，宰相赵普多次向赵匡胤提出不应该让石守信等长期掌握禁军的人继续留任，宋太祖起初并不介意。后来赵普对他说，如果石守信的部下有人作孽，拥戴他们，仿效陈桥驿兵变，将黄袍披到他的身上，这时，石守信还会忠于赵氏家族吗？此话使宋太祖不寒而栗，遂下决心彻底解决禁军将领的兵权

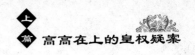

问题。

进一步收禁军兵权的计划由赵普出谋划策，待一切安排好后，于公元 961 年 7 月初九的晚朝时，赵匡胤把石守信等禁军宿将留下来喝酒。当酒兴正浓的时候，赵匡胤突然屏退侍从，长长地叹了一口气，对石守信等人说："如果不是靠你们出力，我得不到宝座的。但是，你们是不知道当皇帝是多么的艰难呀？我自从做了皇帝后，每夜不是睡不着觉，就是睡觉了做噩梦，实在不如做节度使快乐。"石守信等人忙问为什么？赵匡胤说："这是非常清楚的，我这个皇帝的位置，谁不想要呢？"石守信等人听了，知道此话中有话，都慌忙离席下跪说："陛下何出此言！今天天命已经确定了，谁还敢有异心呢？"赵匡胤马上说："话可不能这么说，你们虽然没有异心，然而，你们的部下就难保没有异心了。你们虽然不想当皇帝，但他们想富贵，试想一旦以黄袍加在你们身上，那他们的富贵梦能够办得到吗？"一席话，使在席将领知道已经受到猜疑，弄不好就有杀身之祸，一时都惊慌得哭泣起来，要求宋太祖指明一条"可生之途"。赵匡胤于是缓和了口气，开导众将领说："人生在世如白驹之过隙，只是短暂的一瞬间。所以贪求富贵的人，不过是想多积金钱，多娱乐，使子孙免致贫乏而已。你们不如释去兵权，离开京师，多置买良田美宅，为子孙立下永远不可动的产业。自己也可多买些歌儿舞女，日夜饮酒相欢，以终天年。我赵氏宗室也同你们结为婚姻，君臣之间，两无猜疑，两下相安，不亦善乎！"很是明了，这是用经济手段来换取兵权，这样的条件，在当时的情况下是能够使将领们接受的。石守信等人见宋太祖的话已经说得这样明白，丝毫没有留存回旋余地，加之当时宋太祖的权威如旭日中天，不可动摇，于是只得俯首听命。第二天，石守信、高怀德、王审琦、张令铎、赵彦徽等人都上表说自己有病，要求解除兵权。宋太祖欣然同意，这就是历史上著名的"杯酒释兵权"。

事后，赵匡胤遵守前约，与这些解除了兵权的禁军将领结成姻亲，把守寡的妹妹嫁给高怀德，后来又把女儿嫁给石守信和王审琦的儿子，张令铎之女则嫁给赵匡胤的三弟赵光美。

"杯酒释兵权"之后，赵匡胤另选一些资历尚浅、个人威望不高、容易控制的人担任禁军的将领。并将禁军的权力一分为二，设立殿前都指挥使、步兵都指挥使、马军都指挥使，三个指挥使互不统帅，都直接听令于宋太祖。与此同时，赵匡胤还在中央设立枢密院，专门负责调兵权，这样又把三个指挥使的统兵权与枢密院的调兵权分开，枢密院直接对皇帝负责。这样一来，军权集中于皇帝一人之手，杜绝了唐末五代以来的那种"亲党胶固"的官兵关系，有效防止了兵变的发生。

对于宋太祖"杯酒释兵权"一事，历来的史学家大都深信不疑，而且广泛流传。但也有学者经过考证，对这件事下了这样的评价：故事性强、子虚乌有。

认为"杯酒释兵权"实有其事的论者，主要依据是北宋中期以来的一些史籍的有关记载。现存"杯酒释兵权"的最早记载，是北宋丁谓的《丁晋公谈录》（以下简称《谈录》）和王曾的《王文正公笔录》（以下简称《笔录》）。《谈录》记述了赵匡胤与赵普关于此事的一段对话。赵普对赵匡胤说，禁军统帅石守信、王审琦兵权太重，"皆不可令主兵"。赵匡胤听后不以为然，认为石、王这两位老将是自己多年的老朋友，决不会反对自己。赵普则进一步做工作，说石、王这两位老将缺乏统帅才能，日后肯定制伏不了部下，后果将不堪设想。赵普终于说服了宋太祖，罢了两人的兵权。《笔录》则更明确地记述道：相国赵普屡次进言，宋太祖"于是不得已，召守信等曲宴，道旧相乐"，最后让他们"自择善地，各守外藩，勿议除替"。事隔半个世纪的司马光，在《涑水纪闻》（以下简称《纪闻》）中，对此事的记载更为详细，称宴会的第

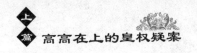

二天，赵匡胤的部将个个心领神会，"皆称疾，请解军权。上许之，皆以散官就第"。

但是仔细考证会发现，上述三种记载，矛盾百出，很不可信。首先，《谈录》只讲罢石守信、王审琦二人的兵权，并无设宴请客这一情节。而《笔录》记载罢去兵权的宿将，除了石守信、王审琦外，还有其他几位将领，并增添了太祖设宴与宿将"道旧相乐"的情节。后世所谓"杯酒释兵权"一说，基本上都出于此。《纪闻》则称石守信、王审琦等皆被罢军权，以散官就第，而又大事铺张设宴道旧情节，绘声绘影，恍如身历其境，明显不可能，距离当事人的时代愈远，记载却愈详，越是不可信。其次，三书都说此事与赵普有关，但说法却不一致。据《谈录》，罢石守信、王审琦的兵权是宋太祖听了赵普一次谈话之后就决定的。据《笔录》，则是太祖在赵普多次苦谏之下才"不得已"而罢去他们的兵权。据《纪闻》却是太祖、赵普两人共同谋划的结果，如此矛盾的说法怎么没能成为史实，就盖棺定论呢。第三，上述三种史料，对石、王被削去兵权后的出路，说法也各不相同，有的只说"不令石、王主兵"，有的说他们"寻各归镇"，有的则说他们"皆以散官就第"。第四，关于"释兵权"的内容史学界也说法不一，有的说是指罢石守信等四人典禁军，有的则认为主要是为了削弱藩镇势力。

另外，"杯酒释兵权"这样一件大事，在北宋史官修的《太祖实录》和《三朝国史》中，却不见一个字。元末，根据《太祖实录》《三朝国史》编成的《宋史·太祖记》，对此事也不着点墨，有学者认为这说明这件事发生过的可能性非常小。

宋太祖传位之谜

中国皇帝的皇位一般是"父子相传"的，只有在皇帝没有儿子的情况下才会"兄弟相传"。但是宋太祖赵匡胤却是在有儿子的情况下将皇位传给了弟弟，这是怎么回事呢？

公元961年，宋代建隆二年，也就是赵匡胤当皇帝的第二年，赵匡胤的母亲杜太后病重，赵匡胤一直伺候在旁。在杜太后病危的时候，杜太后将赵普召进宫来，要赵普和赵匡胤同时接受遗言。杜太后在交代自己的遗言前，先问宋太祖赵匡胤：你知道你为什么可以得天下吗？

赵匡胤的回答是：因为祖宗和太后积德的原因。

杜太后不同意赵匡胤的看法，说：周世宗让一个小孩子当皇帝，所以被你将皇帝的宝座抢来了。假如周世宗让一个成年人当皇帝，你怎么可能得天下呢？

她的原话是这样的。

太后曰："不然，正由周世宗使幼儿主天下耳。使周氏有长君，天下岂为汝有乎？"

这里我们要好好说说，赵匡胤是通过"陈桥兵变"夺得皇帝之位的。从形式上看，赵匡胤确实是从一个小孩子手中将皇帝宝座抢来的。但是，细心的研究者会发现赵匡胤在"陈桥兵变"之前，早就做了很多的准备，其中最为重要的是除掉可能影响他夺权的张永德。在"陈桥兵变"的头一年，即 959 年，周世宗在北征的途中的文件堆中看到一块三尺木写到："点检作天子"，因此心中对时任点检的张永德起了疑心，因为点检是掌握兵权的要职。周世宗在自己重病时，罢去了张永德的点检之职，任命赵匡胤为检校太傅、殿前都点检。正是周世宗的这个决定，为赵匡胤顺利夺取皇位创造了条件。这里面一定有阴谋，三尺木是谁制造的？又是谁送给周世宗看的？具体通过什么渠道怎样绕过了张永德给周世宗看的等等，这些一定是经过精心策划的。当然这些杜太后可能并不知道，仅仅从表面现象来总结皇位易手的原因。

但是这位杜太后不仅总结过去，还想开辟未来。她继续说："汝百岁后当传位于汝弟。四海至广，万几至众，能立长君，社稷之福也。"

这是《宋史》里的记载，这个记载强调了杜太后要赵匡胤将皇位传给其弟赵光义，也就是后来的太宗皇帝。在《宋史纪事本末·金匮之盟》中的记载杜太后的话比这里的要多一些。她说：汝百岁后，当传位光义，广义传光美，光美传德昭。

这个记载的关键之处是，杜太后安排了传位的具体顺序：赵匡胤传给赵光义，赵光义传给赵光美，赵光美传给赵德昭。赵德昭是赵匡胤的儿子。可见，杜太后考虑传位的最后目标还是要回到太祖的儿子手里，以保证太祖这一系的皇统地位不断。《宋史》与《宋史纪事本末》的不同记载说明了什么？如果《宋史纪事本末》的记载是正确的，那么，在《宋史·太宗本纪》中的记录就隐讳了太宗的一些行为。

这里有个问题。作为开国皇帝的赵匡胤在传位这样的大事上能够听从母亲的安排吗？一般开国皇帝都是雄才大略的英雄，有着极强的个性特征，很少会被人左右。但是宋太祖则似乎有些例外，处事较为犹豫，有时显得缺乏主见。特别是在皇位继承问题上，赵匡胤完全像一个"听妈妈的话"的好孩子，顺从母亲杜太后的安排，变成了"兄终弟及"。

　　这里一个关键人物：赵普。《宋史·后妃上》记载：赵匡胤答应将皇位传给赵光义之后，太后就叫赵普为证，并在杜太后病榻前写下了"誓书"，还让赵普在后面签名。

　　赵普可以说是忠实地履行了杜太后的交代。后来赵匡胤之死，史书上也写得影影绰绰，让人生疑。

　　但是，赵光义继位之后，却没有按照杜太后的安排传位了。他在太平兴国四年八月首先逼死了赵匡胤的儿子赵德昭。《宋史·太宗本纪》的记载就一句话：武功郡王德昭自杀。

　　但是在《宋史·宗室一》中，是这样记载德昭自杀的过程的：

　　赵德昭随赵光义征幽州时，有一天夜间军营发生了骚动，因为一时找不到皇帝，于是有人提议让赵德昭立即继位。后来这件事被赵光义知道了，很不高兴。北征结束之后，赵光义取消了按例行赏。于是赵德昭就去问这事怎么还不办呀？赵光义说："待汝自为之，赏未晚也！"

　　赵德昭听到这话之后，会去就自刎身亡了。皇帝听说后，还跑到赵德昭家抱着德昭的尸体边哭边说："痴儿何至此邪！"被封为魏王。

　　在《宋史纪事本末·金匮之盟》中的记载与此相同。这个记载似乎入情入理，仅仅是因为一句话导致了悲剧发生。其实不然，这里所说的"太平兴国四年"是指公元979年，离赵匡胤去世仅仅3年，而此时赵德昭已经28岁了。因为赵匡胤去世时，赵德昭已经25岁了，按照杜太后不能"使幼儿主天下"的看法，25岁应该不能算是幼儿了，已经是一个地地道道的男子汉了。因此，三年里叔侄二人的心底到底埋藏了什么恩恩怨怨，我们已经无法破解了。

　　到了兴国八年，又一位皇位继承人廷美（光美）也郁郁而死，其年37岁。《宋史》与《宋史纪事本末》都将其死看作是赵普陷害所至。如《宋史纪事本末》记载：赵德昭死后，不久赵德昭的弟弟赵德芳也死

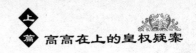

了。这个时候赵廷美感到不安了，并且常常听到关于皇帝赵光义不打算传位给自己的传言。这个关键时候，又是赵普说话了。

帝以传国意访之赵普，普对曰："太祖已误，陛下岂容再误!"廷美遂得罪。

从这个记载来看，赵普的回答似乎并没有什么错。但是，从史学家的记载口气来看，又认定赵廷美之死，与赵普的进言有关系。其实，赵普所说"太祖已误，陛下岂容再误!"恰恰体现了一个政治家的胆识和眼光。一个社会如果政权的更替不是有序可循的话，其破坏性是极其巨大的。中国社会已经普遍认可的"嫡长子"继承制度虽然不是完美的，却是有序可循的，可以将传位之争的破坏性控制在最小的范围内和最小的程度中。所谓"廷美遂得罪"的判断是站不住脚的。由此我们可以看出，赵匡胤在安排皇位的继承时，是不够果断的，才会引发后来的这些问题，引起一些完全可以避免的风波。

宋太宗赵炅：金匮之盟难辨真伪

金匮之盟，俗作金柜之盟，指史料所载宋朝杜太后临终时召赵普入宫记录遗言，命太祖赵匡胤死后传位于弟赵光义。这份遗书藏于金匮之中，因此名为"金匮之盟"。历史上人们虽然相信有所谓的"金匮之盟"，但却找不到盟约的原文。直至今世，怀疑和相信两派学人争论不休，尚无定论。

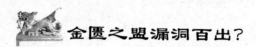

金匮之盟漏洞百出？

金匮之盟表面上看是宋太宗合法继承的一个有利证据，但此证据却漏洞百出，基本可以确定是子虚乌有，反而成了一个不利证据。试想杜太后为何会在宋太祖30多岁时就提出这样的盟誓？而且宋太宗即位之初为何不提，6年后才提？关键是6年后赵普也只是嘴上说说，这么重要

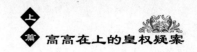

的文件为何不拿给大家看？种种疑点都分明在说：这是假的，是宋太宗为了证明自己继位合法性编的谎，赵普则是合谋。

不过，赵光义造出这种谣是不是傻得有点过分？其实此谣非他本人所造，而是赵普为了巴结他所为。宋太祖在时曾与赵普商议皇储，赵普说宋太祖自有亲子，不能由弟弟继位。到太平兴国六年，新兴宰相卢多逊几乎要把赵普挤下台，所以他就编了这么一个谎来讨好宋太宗，并借机打击卢多逊及其想要谋取帝位的赵廷美。所以此事实为赵普争夺相权的一个把戏。

除了这些，关于宋太宗继位之谜的说法还很多，但或许有人会说，这些说法都是宋人留下的，无论是支持还是反对宋太宗，都难免带有主观色彩，那我们来看看别人的记载：

《辽史·本纪第八·景宗下》："宋主匡胤殂，其弟炅自立。"

注意看"自立"二字。辽人站在第三方角度，并不认为宋太宗是按宋太祖指定继位，而是自立。辽人的视角或许更加客观，事实上，宋太祖到底有没有指定谁继位恰恰并非头等重要。人们有一种根深蒂固的观念，认为皇储的选定必须由上一任皇帝来指定，他的指定便是法理依据。然而我们细究宋朝的君主确立模式，却会发现上代皇帝的指定至多只能算一种较强支撑，而绝非充分条件。宋太宗就算没有得到宋太祖的指定，以他当时的势力也足以问鼎皇位。

为了说明中华帝国宋明时代的君主确认模式，我们有必要看看宋太宗再之后的继承情况。宋太宗至道三年，宋太宗驾崩，第三子赵恒继位，史称宋真宗。宋真宗是宋太宗之子，然而宋太宗当初以皇弟继位，并以四弟赵廷美为储，这很可能是他加强兄终弟及合法性的一种宣传手段，很快他又把赵廷美赶出朝廷，最终传位给儿子。如果按传统，嫡长子是唯一合法继承人，但我们说了，隋唐以来这种礼制便已毁坏，继位者的

选择面很广。那这么广的选择面，由谁，以什么标准最终决定呢？五代就好说，谁心狠手辣实力强，杀了父亲你就继位了，但宋朝显然不行。

谁当皇帝，这是关乎国家民族前途气运的大事，早已不是一家一姓之私，而是天下万姓之公，自然就要由朝议决定。尽管有些皇帝、皇后会提出继承是皇室私事，不应由外臣过问，但很显然，有中国特色的封建社会发展到唐宋明这样的较高阶段，皇室已无私事。私事涉及的公共利益太多，私权力自然就会被公权力覆盖，这是公共管理学最基本的原理。我们在后面的历史甚至还会看到，皇帝临幸哪个后妃这种堪称隐私的私事，外臣们也毫不羞于动用公权力来干涉，更何况皇位人选。

宋太宗其实最喜欢长子赵元佐，一度封楚王、开封尹，准备接班，但令人费解的是赵元佐居然和赵廷美感情很好，宋太宗驱逐赵廷美时他还竭力营救这位主要竞争对手！后来赵廷美郁郁而终，赵元佐竟然悲伤得发了狂，发狂后当然就很令人讨厌，最后被贬为庶人。

赵元佐被废后，经诸臣议定，宋廷又以宋太宗次子赵元僖为许王、中书令、开封尹。本来赵元僖与众臣都相处得不错，很有希望继位，却不幸死在了宋太宗前面。后来被查出来是被侍妾张氏毒死的。

连续两位皇储的失败让宋太宗有些心灰意冷，但国不可无君，君不可无储，众臣明知宋太宗非常忌讳，还是屡次上表请立储君，即便有些重臣因此被贬斥也前仆后继。最后，在名相寇准的力主下，宋廷终于议定由宋太宗第三子寿王赵恒（原名赵元侃）为检校太傅、同平章事、判开封府事，还专门册立为皇太子。但也不要以为这样就可以自然而然的继位了，就连宋太宗崩后都还发生了不少波折。

尽管朝廷已经议定赵恒继位，但也有些人不喜欢他，这其中有一位看似很危险的人物——王继恩。

唐朝是宦官专权最严重的朝代，唐朝 20 个皇帝有 9 个是宦官所立，其中两个还被宦官所弑。他们大多借助废立翻云覆雨，成为权宦。王继恩曾成功拥立宋太宗，或许他想接过前辈的枪，继续这项事业，成为宋朝的权宦。王继恩利用身处内宫并曾被派出监军的便利，积极结交宋太宗明德皇后李氏、参知政事李昌龄、殿前都指挥使李继勋等重臣谋立他人，以树权威。王继恩的选择是被废的长子赵元佐，可能他认为疯子比较好控制，如果能够登基后再废掉他，再拥立一次，那就更完美了。

但君主的人选不是赵氏家事，而是天下的公事，就算你们家非要把遗产给他，大家又岂能容忍一个疯子来当皇帝，你一个宦官——皇室私家的奴婢又有什么资格来干涉公务呢？

宋太宗临终前任命了年过六旬的吕端为首相，有人说他是老糊涂，但宋太宗用人不疑，说他"小事糊涂，大事不糊涂。"据说"宰相肚里能撑船"的典故也来自吕端，这是一位人品才华都很高的名相。再加上宋太宗最信任的正义使者寇准为副相，这一对正气组合是绝不会容许死太监弄权的。

宋太宗驾崩后，吕端准备按议定方针安排赵恒登基，李后和王继恩却在积极筹备拥立赵元佐。李后让王继恩去召吕端，但吕端果然是大事不糊涂，他知道她们要搞小动作，于是果断将王继恩锁在自己家里，自去宫中见李后。李后见王继恩突然消失，便失了底气，但还是说："皇上晏驾归西，现在我们按顺序立长子（赵元佐）为嗣如何？"吕端正色道："当初先帝立太子（赵恒），就是约定今天嗣位。现在他死了，又岂能违约？"若在前代，皇帝的遗命是最有效的嗣位条件，但先帝的皇后若还在世，则即将升任皇太后，相当于家长死了，那按理该由她来决定哪个男丁继承家产。更重要的是，懂事的人应该知道太后是新的国主，要积极谄媚而不能忤逆她。

但时至宋代，情况就不同了。吕端并未顾忌李后的意见，率群臣拥

立了赵恒。而且按照登基仪式，新皇帝要先坐在帘子后接受群臣参拜。但吕端叫大家先不要慌着拜，请升起帘子让大家看清楚真容。老糊涂还有点老眼昏花，又亲自跑上殿，确认坐的确是赵恒而非赵元佐，这才跑下来率群臣参拜，正式承认新皇帝登基。

回想一下，宋太宗是怎么登上帝位的？人家明明是叫另一个人来登基，他自己跑过去把登基仪式举行了，皇帝就当上了。王继恩似乎又想来这一手，试想，如果群臣参拜后再升起帘子来，后面坐的不是最初议定的赵恒而是另一个人（赵元佐），但仪式已成，也就只好被动承认既成事实，太后再站出来确认一下，皇位不就坐下来了么？这个皇位，还不就是皇室的家事？

然而，吕端这位外臣非常尽职地维护了朝廷既定决议，坚决抵制了皇后和宦官的私议。最重要的是诸臣也没有理会皇室内部的意见，而是跟随首相依法办理。

皇位更迭早已不是皇室家事，丈夫死了，未亡的妻子也不能决定哪个儿子继承家产，必须要由朝廷来议定。

事实上，别说皇帝死后继承人的问题，就是在任的皇帝也不是皇帝一个人就能决定的。宋朝第十二任皇帝宋光宗（赵惇）于绍熙元年至五年（1190~1194）在位，他受禅后与其父宋孝宗（赵昚）关系恶劣，以至宋孝宗在弥留之际洒泪恳请宰相，去求不孝子来探望一下自己，但就这也得不到满足。甚至宋孝宗驾崩后，宋光宗拒绝为父出丧！他这种不孝行为引起朝野上下人情汹涌，甚至有边军宣称要去投奔敌国。中华帝国历代以孝治天下，皇帝是天下的表率，这种不孝子显然就没有资格再做表率，于是宋廷经议定，废黜宋光宗帝位，这便是中国历史上具有里程碑意义而后人却鲜为人知的"绍熙内禅"。

没错，这正是在呼应3000年前伊尹废黜帝太甲之举。而且这一次并非某位权相的个人行为，而是整个朝廷顺应呼声，通过正规程序做出的朝廷正式决议。可以说，至宋代，中华帝国的公共管理体系，已经脱离了独立的随机圣人模式，进入到规范的超大规模线性回归体系模式。

那么宋太宗是否合法继位？可以说，即便宋太祖明确指定了别人继位，或者宋皇后成功召来赵德芳登基，也只能使宋太宗更加麻烦或者脸上更挂不住一点，并不能真正有效阻止众望所归的晋王水到渠成坐上皇位。宋太宗即位，靠的是整个朝廷的总体支持，而非某一个人（即便是前任皇帝、皇后）的指定。

宋朝这个朝代，没有外戚之祸，也没有宦官专权。尽管有不少太后垂帘听政，但皇帝成年便自觉交出政权，安心终老于后宫。很多人在盛赞之余却不知个中缘由，竟然以一句宋朝的女性心态好来总结。

很显然，宋朝没有女祸、阉祸，绝非因为谁个人心态好，就算有一两个贤良淑德的，哪有连续好300多年的道理，再加上后面的明朝要连续好600年。如果真懂一点概率论的话，肯定会被这种概率吓死，但这个问题只能从政权架构和社会形态的发展来求解。

第一，中华帝国已经进入公权力时代。皇帝的私权力已经被压制，他的老婆、姨太、家庭服务员这些人尽管可以得到国家供养，但休想和公权力挂上钩。李后和王继恩还想像前代那样操控废立，和宰相掰手腕，殊不知人家吕端、寇准何曾把你们这些非男性放在眼里。

第二，社会更加公民平行化。这样的社会更难建立起类似于门阀贵族的次级非正式权力组织，像王继恩这种人，宋太宗在时享尽尊崇，但满朝都是国家公务员，20余年也未建立起自己的一股势力，到头来所有人都是公事公办，没有任何人会为他谋私。

我们应该了解赵光义面对的是怎样的一个历史节点，那他又是如何率领这个超级大国走出五代乱世，走进一个全新的社会形态呢？

结束五代乱世的真正英雄

五代十国是一段最不堪回首的乱世，那么谁是带领中华民族走出乱世的英雄呢？大多数人都认为是宋太祖。按道理说也不错，五代结束是宋朝，那么宋朝的太祖自然就是结束乱世第一人，然而事实却未必。

宋太祖虽建立宋朝，但这个朝代完全可以成为第六代，事实上宋太祖朝的大宋和前面五代真的也没多大区别。首先，宋朝仍是武将篡位建立的朝代；其次，宋朝实际控制区域也就中原那一小块；再次，武将们都还在等着重复五代的浪漫故事；最后，不得不说，宋太祖自己还是被篡位了，说明他仍未走出五代桎梏。

后人常见的一个重大误会就来自宋太祖的"杯酒释兵权"。

模糊的史料显示，宋朝建立不久，宋太祖便召石守信、慕容延钊等实权派武将恳谈，指出五代乱世中很多叛乱并非叛将主观意愿，而是被部下逼反，各位也有这个危险。于是诸位开国元勋主动交出兵权，从此，五代武人叛乱之患绝迹于江湖，大宋走上国泰民安的文治道路。

真有这么容易？

如若人类历史上一个节点级的难题真能这样解决，秦隋这样伟大的王朝还用得着二世而亡吗？这些老将本人确实可以回家养老，甚至去死都可以，但军队又没消失，难道就不需要新的将领来率领了吗？有人说新来的将领资历较浅，所以无力行篡逆之事。实际上，能有几个人比赵匡胤自己资历更浅？五代中哪一代不尽力削夺武将军权，但这种对人不对事的人事安排都只是权宜之计，何曾触及本质？"杯酒释兵权"固然重要，但并未从体系上进行本质变革，真正的意义仅在于为宋太宗的大规模变革留出时间。

宋太祖、宋太宗都是史上重要的帝王，像他们这样兄弟俩同垂帝范在历史上并不多见，但两兄弟的形象气质可谓有天壤之别，甚至让人怀疑是不是亲兄弟。

前文反复强调，解决藩镇割据、权臣谋逆的正确办法有且仅有一个——运用组织行为学和公共管理学的科学知识构筑更加合理、规范的行政管理体系，所以现在宋太宗要做的并不是再费唇舌证明他的继位合法与否。

首先，核心问题当然是军权，尤其是藩镇军权。

五代其实都对节度使问题做了大量研究，但中唐以来开演的节度使割据大戏似乎并未落幕，宋朝建立后原后周节度使李筠、李重进可以据成镇反宋就说明他们保有反对朝廷的能力。节度使如果只有募兵权还不够，是唐玄宗让节度使兼任采访使，有了财力支撑才能割据一方。周世宗号称精选禁军，夺走了藩镇的精锐部队，宋太祖则号称集资，把藩镇的富余钱粮收走。但这些都是一次性效果，兵抽走我可以再练，钱调走我也可以再收，关键还在于抑制藩镇自我再生的长效机制。趁周世宗和宋太祖改革后藩镇暂时处于虚弱，宋太宗进行了历史节点级的重要改革。

这个问题要分军事指挥体系和地方财政体系两个方面。

先说指挥。周世宗以殿前司作为全军指挥中枢，但最终被殿前都点检篡位。其漏洞就在于赵匡胤作为殿前都点检，既有调动军队的最高军权，同时又直接率领军队，军队里甚至有大批中高级军官是他的结义兄弟，这不是在促成非正式组织的建立吗？所以宋太宗改组殿前司，将最

高军权划归枢密院，隔断调兵和带兵权。

　　枢密院本是唐朝的内宫机构，枢密使由宦官担任，职能是皇帝的私人秘书。枢密使的崛起本意是制衡中书令的权力，五代以来发展成实际上的宰相，统领政事，周太祖篡位前便是后汉枢密使。宋太宗所设枢密院则是一个掌管最高军权的文职机构，这似乎和三省六部中的尚书兵部很像。但事实证明以六部之一掌管军国大事执行力偏弱，何况中唐以来三省六部逐渐虚化，国家对军队的控制力也就跟着虚化了。所以宋太宗将枢密院作为和中书门下（唐宋中央政府）平级的机构，并称二府。枢密院的正副长官与中书门下的副官参知政事同为执政，相当于副相，是国家最高一级常务委员会成员，参与国家最高决策，并非单纯只管军事。这样，枢密院的地位得到提高，但同时也更融入行政体系，皇帝和宰相对枢密院的掌控也更直接、深入，到南宋甚至形成了宰相兼枢密使的常例。枢密院长官大多由文官出任，和军队没有私交，有时也会有军功卓著的武将晋升入枢密院府，但除曹玮、童贯等极少数极为尊崇的名将短暂破例外，再无任何人能以枢密兼领军镇，尽量做到公有军权和领兵实务的分离。

　　宋太宗又废除殿前都点检、副都点检职务，殿前都指挥使司的职能仅限于御前禁卫。同时将侍卫亲军马步军都指挥使司拆分为步军司和马军司，一般以步军司驻守京师，马军司拱卫京畿。这三个部门合称三衙司，是宋军最精锐的禁卫部队，有层次的部署在京师重地，这实际上是将掌控军权的两个机构改组成了三支具体的部队。

　　后周世宗将军队分为禁军、厢军的思想得到进一步强化，宋朝的禁军是优质兵源，训练、装备、后勤都是最优的，集中了主要战斗力，由枢密院统一调度。禁军人数相对较少，宋太宗朝约30万，整个宋代有统计的最高峰也只有59万，而且编制整齐，枢密院非常便于统一指挥，将领在军中擅权的机会就小了很多。而厢军则以禁军淘汰下来的兵源充任，一般不上战场，平时驻扎地方维持治安，协助地方大型工程，禁军作战时也会抽调一些厢军负责后勤运输。厢军虽然人数很多且广布，但实际上集结作战的能力很弱，不必担心叛乱。到南宋禁军退化到了宋初厢军的地位，而御前军、行营护军、驻屯大军等依次成为主力战兵，但始终牢牢置于枢密院的掌控下。这种名称上的更迭体现了周世宗、宋太祖、宋太宗这种一脉相承的建军思想——将军队中人数较少的作战部队和较多的辅助部队分化开来，国家重点掌控作战部队，将人数更多的辅助部队放权至下级。

那么宋军组织一场战役，首先要由两府宰相共同商议，确定基本战略，再由枢密院调兵遣将，从驻扎各地的禁军中抽调出作战部队，并指派将领率兵。在作战途中，枢密院也会随时下发指令，统一协调指挥前线各部和后勤供给。相比前代国家将募兵、训练、指战的业务全部外包给藩镇，这种由国家直接操纵的体系更强调军队公有化和统一指挥。

而更重要的是军队财饷体系。唐代节度使除了本镇，还领有数个州郡，称作支郡，作为供养军队的财政来源。到后来势力强大的藩镇还要兼领数镇节度使，比如安禄山就兼领平卢、范阳、河东三镇节度使，而中原的宣武、魏博等节度使甚至要兼领十镇节度使，其全权管辖范围不亚于周代诸侯国。宋太宗首先罢除了节度使领支郡的制度，将其权力局限于本镇军事，又借国家行政体制大改，由朝廷派出知府、知州管理州郡政务，将军事和地方行政分开。各地驻军和前线作战部队的后勤供给均由枢密院从国家财政中统一划拨，军队再无权自行从驻地征收赋税。从此，中国的军队和地方成为严格的两条权力线路，除战时特殊情况，一般人不能兼领地方行政权和当地驻军指挥权，更无权自行募兵，在地方称王的可能性降至可以忽略。

至此，宋太宗废黜了原来由藩镇私兵组成的军队体系，建立起一套国家直辖的禁军体系。现在可以说藩镇独立于地方的政治、军事、经济基础都已全部收归，从此藩镇独立这个困扰千年的祸根终于在宋太宗时得以根治，从这个角度讲，宋太宗（而不是宋太祖）不仅是结束五代乱世的英雄，更是历史进程上不可忽视的超级英雄！

宋太宗虽然在军队建设的理论上有些贡献，锻造出一支极其强大的公共军队，但这些都还是纸面上的，还得打两场漂亮的胜仗，才有资格和天策上将相提并论。

宋太宗完成的统一大业？

拿宋太宗和唐太宗相比——他们庙号相同、都是史上重要帝王、似乎都有一点点继位合法性的瑕疵。可唐太宗成功的用一连串盖世功勋堵住了悠悠之口，那宋太宗呢？仅仅做一个温和善良的汉文帝都不够啊，你也要上战场去，让人们只记得你的阳刚壮美、挥斥方遒，从而忘记烛影斧声、金匮之盟！

首先，宋太宗要继续完成宋太祖尚未完成的统一大业。10余年间，宋太祖歼灭南唐、后蜀、南汉等一大票割据势力，只剩下北汉以及辽国占领的幽云16州。不过王朴早就说了，前面那些都是渣滓，这才是硬骨头，现在正好留给雄心勃勃的宋太宗来扬名立万。

太平兴国四年初，宋廷诏议征讨北汉。宋太宗说："周世宗、宋太祖三伐北汉不下，难道太原真的是城壁坚厚不可近？"很多人都说是啊，咱们也别去做无用功了。所幸同平章事、枢密使曹彬支持出兵，他说："周世宗和宋太祖征讨北汉不下，都是遇到特殊原因，现在国家强盛，人心所向，讨伐如摧枯拉朽，有何不可！"

曹彬因为他的仁者气度被誉为宋朝第一良将，五代乱世人性泯灭，武将们屠戮战俘、百姓都是家常便饭，唯独曹彬坚守纪律，带出来一支王者之师，堪称宋朝走出五代桎梏的关键性一步。所以，元明的君主最爱以"朕之曹彬"来诫勉自己的将帅。曹彬一直被视为宋朝第一良将，名望尚在岳飞、孟珙之上。尽管还有一些宰执反对，宋太宗还是在曹帅的支持下，通过了讨伐北汉的决议。

其实宋太祖虽没能攻克太原，但通过经济封锁，早已使北汉民生凋敝。宋军横扫州县，快速围住太原。不过真正的考验倒不在于北汉自身，而是他的契丹援军。契丹帝国以南府宰相耶律沙为主帅，冀王敌烈为监军，南院大王耶律斜轸、枢密副使耶律抹只分率前后军来援，兵力约6万。

根据唐太宗攻克洛阳的围城打援战术，宋太宗亲率主力围定太原，以云州观察使郭进为石岭关都部署，率万余精兵前往阻击辽援。郭进选择了石岭关（今太原东北阳曲县境内）外的白马涧作为战场，率先抢占作战地形。辽军救人心切，前后队伍有所脱节，前军率先赶到白马涧北岸。耶律沙为稳妥起见，准备等后军赶到再以绝对优势兵力实施渡河攻击。但监军敌烈见对方人少，而且以步兵居多，坚决要求立即出击，免得后军来了抢功。辽将都很赞同，耶律沙执拗不过，只好同意。辽军纷纷抢过白马涧，冲向宋军。

北方游牧民族对战中原汉族王朝，最大的优势就是骑兵多。骑兵的机动性、冲击力都要远胜步兵，但有些缺乏军事常识的人便认为骑兵打

步兵如砍瓜切菜，毫无悬念。如果打仗真可以这么不动脑筋，人类文明发展到骑兵时代就可以停滞了，哪还有今天。洛阳战役中，李世民以200长槊兵列于河中，便可使窦建德的骑兵无法通过。到唐代中后期，随着横刀阵、弓弩阵、太极阵、六花阵等复杂步兵阵型的发展，人类有智力的组织优势超过了马匹的力量优势，只要训练有素，指挥得当，步兵方阵在正面对抗中完全优于只能简单冲锋的骑兵。而宋朝的弓弩和甲胄进一步发展，骑兵其实已经不能正面冲击成型的步兵方阵，否则只能送死。当然，经验是鲜血凝成的，现在冀王敌烈就准备用他的鲜血来总结这个经验。

郭进并未在河中设置障碍，而是在辽军上岸时将阵型后撤，放了一半辽军上岸。冀王敌烈是宋初人士，不懂得以步制骑也就罢了，"半渡而击之"的兵法常识也不懂吗？那就等着挨宰吧。敌烈所率这一半辽军一上岸，便被宋军重步兵方阵抵住动弹不得。本来在正面对抗中骑兵就吃亏，现在又失去了冲击空间，把骑兵的机动性优势又丢了。这时郭进亲率骑兵从侧翼猛攻辽军，可以想象战场上不能动弹的军队多么可怜。很快，冀王敌烈和他的儿子蛙哥（契丹人名字不错）、耶律沙的儿子德里、吐吕不部节度使都敏、黄皮室详稳唐筈等大将均遭屠戮！而耶律沙部则在河心暴露于宋军强大的弓弩火力之下，更是苦不堪言。眼看宰相大人马上也要做水鬼，英雄出现了。耶律斜轸率后军赶到，他没有盲目施救，而是隔河与宋军对射。宋军毕竟人少，火力被压制。这时耶律沙也体现出极高的战术指挥素养，镇定下来收拢败兵，配合耶律斜轸的火力往河边突围。由于激战后宋军已经比较疲劳，而监军田钦祚没有及时率后军追加攻击效果，辽军总算捡了条命，仓皇北逃而去。

汉有白登之围，唐有渭桥会盟，而且对方还是连洗澡都不一定会的

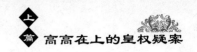

游牧部族，老子第一次和大辽帝国打交道，就一耳光把他扇回去，我比你们强多了！

信心大增的宋太宗一激动，亲冒矢石，站到太原城下去指挥作战，宋军士气大振，上至节度使，下至校官，纷纷浴血奋战。按说北汉失去了辽国这个唯一可以指望的外援，再无力与大宋相抗，换成王世充哪用等到现在才投降？然而历经五代战火锤炼的北汉却拼死抵抗，尤其是名将刘继业"杀伤宋师无算"，一点要投降的意思都没有。

宋太宗是军事史上很重要的一位理论家，他促成了阵图制度、参谋本部制度、军事学院体系和集团军编制等许多重要理论的形成。

史载宋太宗精选了数百名精壮成年男子，精练剑法。据说可以掷剑于空中，再跳起来接住剑，左右手互换数次，然后在一片剑光闪烁中优雅落地。遗憾的是各路史料都没有记载剑神营都指挥使隶属何部，官居几品，曾由哪位名将出任，只听江湖传言该部转业复员后大多被高薪聘为蜀山派剑法教练，倒也桃李满天下。史载契丹有一次遣使修贡，宋太宗请使臣检阅剑神营，剑神们脱光上衣，露出精壮的胸肌，叫喊着挥刃而入，配合铿锵有力的背景音乐，在一片剑气中吓得使臣不敢正视。不过据传言，人家是大辽重臣，实在没想到你们宋朝居然让街边卖艺的来上朝，所以才闭目长叹。

但北汉将士们就不能闭目不见了，他们虽在高城之上，身上决计不会挨剑，可眼睛早已被眩晕，这仗还怎么打？降了罢！降于这些高手不丢人！于是北汉国主刘继元出降，宋太宗当场封他为检校太师、右卫上将军、彭城郡公。宋廷任免职务有非常正规的程序，要经过廷议才能生效，而宋太宗在受降当时就传达了任命，可见是出征前就提交廷议通过了的，其必胜之心不言而喻！

攻灭北汉，歼除了最后一个割据政权，更完成了周世宗、宋太祖都没能完成的统一大业。宋太宗作《平晋诗》一首，热情讴歌此胜的重大意义。不过，北汉是强弩之末，灭它有捡软之嫌，还得从契丹帝国手中把幽云十六州抢回来，才能成为真正的英雄。其实宋军将士无不相信宋太宗会成就这样的伟业，不过，在此之前，得让大家休息休息，强攻北汉太耗体力了。

宋军现在已经很疲惫，谁愿意在这时冒险攻辽，但没办法，跟着这个皇帝走吧。尽管宋军很疲惫，但一旦开动，仍是马力十足。30万宋军只用了10天就从太原开到了幽州（今北京），中途还攻占了两座大城，这种速度在过去可谓骇人听闻！抵达幽州后宋军立刻齐集攻城，既没有留下战略预备队，也没有派出部队外打援。这并不符合他前任发明的围城打援基本战法，很显然这不是战术问题，而是宋太宗的心情：我这么厉害，哪需要耗费时日的围城打援？我连发奖金都来不及，还有时间围城吗？我只需集中全部兵力，赶在敌方援军到达前迅速直接攻克幽州！

客观的讲，如果宋军真的第一时间攻克幽州，辽军战略防御被迫全线后撤，收复幽云自非难事，辽帝国将重新退化为草原游牧部族，以后宋军就可以随时有空随时上草原去追着他们的屁股踢着玩儿，然后立下一连串的军功。

然而，宋太宗这位管理学大师这次落入了自己设下的一个逻辑陷阱。他这个方案是一种典型的小概率前提逻辑：方案为事件预设一个前提，如果此前提成立，那么结论成立的可能性就非常大，然而此前提本身能够成立的概率却非常小，所以此方案的总结果仍是一个小概率事件。其实，宋太宗设想的逻辑链也没错，问题就在于宋人所称的这个幽州燕山府，辽方称之为南京析津府，是辽帝国五京之一，而且被视为辽帝国经略汉地的桥头堡，是决定契丹民族维系帝国或是退回游牧的生命线，必将不惜血本誓死捍卫。你能围城打援都是很勉强的事，更何况快速攻克？

虽然宋太宗在军事学上理论贡献巨大，第一仗也赢得酣畅淋漓，但很遗憾，头脑发热的他在准备并不充分的情况下，贸然和强大的契丹帝国全面开战，而且还采用了这么不切实际的战术。他终于了失去了掩饰他愚蠢的最好机会，从此他将走上一条不断证明自己多么不配拥有和唐太宗同样庙号的漫漫长路。

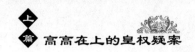 ## 运筹帷幄的宋太宗

幽云十六州为什么要说收复，而不说攻占？因为它自古以来就是汉族聚居区，宋朝作为汉族正统王朝，当然要理直气壮的收复这片被石汉奸卖掉的国土。宋太宗作《悲陷蕃民诗》一首，深刻表达了沦陷区百姓日夜期盼王师前去拯救他们的迫切心情，激励宋军将士加快解放的步伐。

救援北汉的战役失败后，宋辽之间就失去了战略缓冲，辽帝国调集大批军队和物资，准备死守幽云。时任南京留守是燕王韩匡嗣，但他却不在城中，由其子彰德军节度使、上京皇城使韩德让代行职权。看名字就知道这一家是汉人，但韩氏是协助契丹脱离氏族部落，走向帝国体制

的主要功臣，荣宠非凡。辽景宗睿智皇后萧绰（即承天皇太后）便曾一度许配给韩德让。辽景宗（耶律贤）崩后，承天太后与韩德让共同摄政，实权尚在辽帝之上。可见韩氏是辽国核心权力层，完全不必担心汉族血统会干扰他们保家卫国的必死决心。

韩德让早就做好了守城的准备，他在城中囤积了足够支持数年的物资，在城外部署了大量部队倚为犄角。而辽廷也暂时和其他邻国讲和，集中精力应付来势汹汹的宋太宗。辽国地势平坦，便于集结，运输方便，可以对南京形成源源不断的增援态势。不过幽州的地形也并非不适合围城打援，宋军有 30 万之众，择数万围城，其余分布远处，尤其是扼定八达岭一线山脉，任随辽军铁骑自杀般的冲向宋军弓弩集群，也无法靠近幽州。三五年后，城内物资耗尽，不攻自破。

三五年？我 3 天也不愿意等了！于是 30 万宋军全部拥向幽州，城外辅战的辽军其实也不少，但又岂是科学战神宋太宗的对手，两三下就被打败。不过讨厌的耶律斜轸又出现了，他收拢败兵，在得胜口（今北京昌平）驻防，立起辽军大旗。

若要围城打援，那就应该尽快把这些人清退出场，尤其不能让城内守军看见他们的旗帜，坚定守城的信念。但宋太宗既然没打算用什么围城打援，那就不用去理他们，就让他们在旁边眼睁睁地看着你们的南京在我的科学阵型下轰然倒塌吧！

宋太宗及其参谋本部拟定了详尽的攻城作业方案，分派四名节度使各领兵 1 万攻四门，那剩下 20 多万呢？既然不派出打援，那就里三层外三层的把幽州围住，一方面挡住辽国援军，另一方面为攻城的 4 万人呐喊助威。这么多人为宋太宗这个理论家提供了一个绝佳的展示平台。说实话，30 万人挤在小小的幽州城下，没有发生暴动，也没有人践踏致死，这种组织管理水平在当时还真是出类拔萃。宋太宗充分展示了他设计作战方案的卓越才能，亲自为 30 万人制定了详尽的作战方案。

宋军各部积极配合。弓弩部队向皇上展示了当时世界上最先进的远程自动武器集群，史载可以达到每小时 100 万支的火力当量，受到赏识，同时也送了不少箭支给城里。砲石部队只用半个月就打造了 800 门重砲，在外围有力支援了攻城的友军，但好像也没把城墙砸开。攻城部队还展示了攀墙、垒土山、土工掘进等各种攻城作业战术，尽管都被韩德让一一化解，但领导还是对宋军的训练成果表示了高度肯定。最厉害的当然还是剑神营，几场大型军体操汇演下来，无论是城内守军还是城外的援军都吓得肝胆俱裂，好几位节度使级别的辽将率军投降。宋太宗兴奋异常，提前任命宣徽南院使潘美为幽州行府事，已经在筹备占领幽州后的事宜了。

这不能算高兴过头，由于多次救援失败，辽帝国人情惊恐，很多人提出放弃关内城市，退回草原机动防守，其实就是恢复游牧。这不正是宋太宗规划的发展方向吗，如果历史真的这样发展，宋太宗将拥有何等的历史地位！超越唐太宗？

原因很简单，越是宏大的规划，越不能留下快速攻克幽州这种小概率环节。现在，惩罚宋太宗的人就要来了，他马上就要让宋太宗低头。这个人叫耶律休哥。耶律沙是契丹帝国庞大国家机器上的一颗螺丝钉，而且是经过正规训练、专用于军事指挥的人才。在辽景宗带头讨论放弃幽云时，满朝文武只有耶律沙一人坚决反对，他恳求辽景宗给他一次机会，让他最后一次救援南京。最后辽景宗同意他率五院部精骑 3 万做最后一次尝试。

宋太宗这边毫不知情，他正在兴致勃勃地欣赏自己宏伟的战略设计

和高超的操练技艺，至于援军，他也记不清楚打败多少支了。宋太宗只是有点奇怪，韩德让眼看着这么多援军源源不断的来撞墙，怎么还没吓得投降？

耶律沙在上次战败后被派驻西京大同府（今山西大同），主防太原的宋朝山后军。现在南京告急，耶律沙只好暂弃山后防线，率数万大军来救南京（其实宋军都集中在南京，山后根本无需防守）。由于这次来的数量比较大，宋太宗亲率御前殿直军迎战。虽然早知宋军步兵方阵的厉害，但是耶律沙还是硬着头皮冲阵。沙宰相这次面对御前殿直，比上次在白马岭更惨：冲锋途中就被弩阵射倒一大片——撞到重步兵方阵动弹不得——被宋军骑兵从侧翼包抄——宋军阵型推进压缩——耶律沙带着还没死的人赶紧跑路。

这次宋军最精锐的御前殿直军居然用了整整一下午，追了 10 里路，最后没追到，不按阵型拖拖拉拉地慢慢往回走。

虽然也很急于救场，但耶律沙没有盲目出击，而是在高处仔细观察了宋军阵型，然后召集一大帮败军之将，共同研究作战方案。最后辽军临时参谋本部制定了三路出击，由耶律沙率中路军吸引，牵动宋军阵型前凸，耶律沙、耶律斜轸分率精骑大范围迂回，从侧翼寻找宋军阵型牵动后的结合部突击的作战方案。而集中打击目标是凸出的万名御前殿直军，吃掉后再与城内守军夹击围城部队。

当读史至此，脊背真有一种发凉的感觉。这绝不是武悍的蛮族军头，这种科学配置作战资源的水平甚至在宋太宗之上！在上千年的对外战争中，汉民族还是第一次面对这样的对手。可是为什么这第一次对面就是耶律沙，我们这边却是宋太宗？

不过宋太宗显然没有意识到这个问题，当御前殿直军在暮色中空着

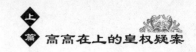

肚子慵懒地往回走时，耶律沙的 3 万骑兵每人手持两盏火炬在高处往来奔突。夕阳下宋军看不清尘土中到底有多少辽军，只觉得光焰炙天，开始略有惧意。而宋太宗发现御前殿直军现在所处的位置很有问题——不但位置凸出，而且高梁河沿岸的开阔平原非常利于辽军骑兵包抄，于是赶紧下令后撤，汇入围城的 30 万大军。然而这时耶律沙却掉头从正面扑向了他，宋太宗勃然大怒。

耶律沙在一旁冷静的看着，当他确认宋太宗没有立即撤离高梁河，而是迎向耶律沙时，他的眼中闪过一丝寒光，冰冷的从牙缝里抛出一句："你已经死了。"

耶律沙和耶律斜轸的精骑极速画出两道巨大的圆弧，分别从两侧翼精确的找到了宋军阵型的薄弱环节开始猛攻。御前殿直军脱离主阵太远，结合部遭到猛攻有点惊慌，但这毕竟是当时世界上最精锐的一支部队，在这种情况下竟然仍不失阵型，激战中甚至让耶律沙负了重伤! 宋太宗觉得胜利的天平仍然偏向自己，然而不幸的是，他除了没有想到对方也懂得科学的战术，更没想到更重要的一点——对方是辽帝国的国有军队而非部族领主的私军。

其实很多人都忽略了这个问题，如果是部落领主的私军，那这支军队存在的目的就是为领主抢钱，一切都围绕领主的个人利益，如果他的人身安全都已经受到威胁，那就算打赢又有何意义? 这时他们会跑得比野狼还快。然而耶律沙不是部族领主，他麾下的将士也都是帝国的军人而不是谁的私有财产，他们要救援的这座城市是帝国的国土而不是谁的私有辖领，他们不是去抢劫而是抵抗侵略，保家卫国! 所以，身负重伤的耶律沙没有退缩，已经不能骑马的他让部下以轻车相抬，继续指挥，几度昏迷仍不下火线! 辽军将士深受鼓舞，向宋太宗御驾发起了热血澎

湃的猛冲，拼命击穿了宋军侧翼！宋军惊慌失措，耶律沙和耶律斜轸也从另两个方向击穿阵型，御前殿直军终于全线崩溃。

宋太宗左腿中箭，这下他终于知道打仗不是打游戏，腿伤不能骑马，所幸左右找来一辆驴车才勉强逃离战场。而真正的灾难发生在围城的30万宋军身上，在正常情况下直接指挥这么多人已经是奇迹，现在仗打输了，总指挥却坐上驴车跑了，面对守军和援军的夹击，他们除了溃逃别无选择。不过幸好辽军损失也很大，再无力追击，宋军只损失了万余人，绝大多数逃回了涿州（今河北保定）归建。

此役史称"高梁河之战"，是宋太宗首尝败绩，也是宋朝建立以来首次战败。更重要的是，这应该算是中原汉族王朝首次面对国力不比自己差太多的政权，并在大规模攻城战中落败。而且宋人还发现一个问题：汉族人韩德让为辽帝国拼死尽忠，幽云地区的汉族百姓也没有表现出对宋王朝的丝毫亲近感，而是全力捍卫他们的祖国——辽国。不仅是幽云，其他地区也有类似情况，这是中唐以来形成的历史问题，也是人类社会发展的一个节点。

30万宋军各自逃到涿州，却发现一个问题：宋太宗不见了。但一直没他的消息，又有人亲眼见他中了箭，难免会考虑他已壮烈牺牲。国不可一日无君，于是大家开始讨论谁赶紧继位，大家基本认可宋太祖之子赵德昭最合适。然而就在此刻，宋太宗又回来了。

尽管宋太宗对连续攻克太原、幽州自信满满，但也没忘记应急预案，他早已准备好了辽军反攻时的对策。宋太宗将防线后撤至中唐以来构筑的镇、定、高阳三关，以殿前都虞侯崔翰节制诸军，李继隆为都监，并授予他的重要发明《平戎万全图阵》，诏令诸将按图作战。辽军获胜后趁势反击，幽云16州其实有三州在关南，早就被周世宗所夺，现在要趁机收复，燕王韩匡嗣率 8 万精骑向满城（今河北满城）扑来。

崔翰等将按宋太宗留下的阵图列阵以待，辽军岂会不根据你的阵型调整自己的阵型？宋将登高观察后觉得宋太宗设计的这个阵型并不适于此战，若不变阵很容易战败，但如果擅自变阵又是违诏用兵。其实以前将领们从未遇到过这种情况，在通信不发达的时代，皇帝必须放权给前线将领，由他们根据实情临场指挥，不可能事事请示。但宋太宗发明参谋本部和阵图制度，所有战术都由事先议定，擅自改动就是违纪，朝廷还会派出监军，监督将领不要违诏。不过所幸这次监军是李继隆。李继隆是开国元勋李处耘之子、宋太宗明德皇后之兄，尽管曹彬被誉为宋初第一良将，但那主要是因为他的仁厚，论战略战术其实李继隆才是第一。李继隆见诸将犹豫，表明如果变阵失败，愿一力承担，强烈要求主将变阵。

有了监军的支持，崔翰果断变阵。又是一场经典的以步制骑，宋军各兵种密切配合，大破辽军，斩首 1 万级、马千余匹，生擒将军 3 名，俘虏 3 万余人，军器甲仗不计其数。韩匡嗣丢弃主帅旗鼓，连夜逃遁。

满城之战让宋军士气复振，但宋太宗心里很不是滋味。他御驾亲征就大败亏输，而将领擅自改变他设计的阵型却大获全胜。

此后数年，辽景宗也两次御驾亲征，意图收复关南三州。宋军将领科学指挥，屡次大败辽军，最后辽景宗郁郁而终。但这些仗都是将领打的，不是宋太宗自己打的。甚至有一次宋太宗亲赴前线，走到中途辽景宗已经败走了。为了亲自大胜一场，宋太宗多次向朝廷提出再伐幽云，但总被朝议否决。直到雍熙三年，在多位好战分子的支持下，宋廷终于通过了再伐幽云的决议，史称雍熙北伐。

　　这一次宋太宗设计了新战略，分三路向幽州推进，还准备了一支海军从后方登陆，伺机合围。虽然为了避免再次被箭射到，宋太宗没有亲征，但出兵前亲自召开参谋本部会议，拟定了详细的作战计划——曹彬率 10 万主力由东路稳重推进，吸引辽军主力，西路和中路则趁机从太原和飞狐（今河北涞源）进攻，最后全军会攻幽州。这个方案看起来很合理，而且开战后实施得也很顺利，东路军吸引了辽军主力，西路、中路势如破竹。但东路军的前锋李继隆猛得超出了方案预期，才几日便阵斩辽帝国奚宰相萧贺斯，连下数城。宋太宗得报连忙传令曹彬约束部将持重缓行，按预定方案配合另两路军进度进军，东路军才暂驻涿州。

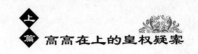
宋仁宗赵祯：身世迷案

之所以出现狸猫换太子这个故事，就是因为历史上仁宗确有认母一事。主人公的传奇经历几乎家喻户晓，妇孺皆知。后世有狸猫换太子之说，直至今世，怀疑和相信两派学人争论不休，尚无定论。

狸猫换太子之谜

皇权的争夺，后宫的争宠，是历代王朝中最为残酷的。历朝历代这样的故事几乎每天都在皇宫内外，朝堂上下进行着。而其中最为离奇，最为凄冷的莫过于宋仁宗的身世及其生母的生前身后之事了。因为近一千年以来，这个故事不但在民间众口相传，而且在戏台上也演绎了无数遍——它就是有名的"狸猫换太子"。

除了去掉那只后人加上去的恐怖狸猫和结尾之外，实际情况其实和京剧上的情节差不多。

宋仁宗的父亲就是那个在寇准的鼓舞下御驾亲征，签订历史上著名的澶渊之盟，热衷封禅祭祀这类形式主义活动的宋真宗。宋真宗虽然在治国方面还过得去，对发展佛道等"以神道设教"的事业也很热心，但在子嗣方面，却没得到上天的多少佑护。他的前五个儿子都先后夭折，直到他的第六个儿子很好的存活下来，才让真宗皇帝和整个大宋帝国好好的松了一口气。像李煜也是以六王子的身份入继了大统。这个大宋朝的六王子就是后来的仁宗皇帝，在登基前他叫赵受益，登基后名字改为赵祯。

宋仁宗赵祯的生母李氏原本是皇后刘娥为妃时的侍女，身份低微，后来即使给帝国生了一个继承人也并没有因此母以子贵，熬到去世时才从婉仪升为宸妃。赵祯出生后，就在真宗的默许下，被一直未能生育的刘后收养，由刘氏和杨淑妃一起抚养。这可能有两个方面的原因，一是李氏身份低微，而刘后身份高贵，在古代看出身的政治和文化环境下，由皇后抚养可以有力的提高赵祯的地位。二是真宗对李氏的感情可能非常淡漠，这从李氏给他生了一个接班人，却连个一般妃子的名号都没得到的现实就可以看出来。

李氏慑于刘后的权势，只能眼看着自己的孩子被别人夺去，却不敢流露出任何不满情绪，否则不仅会危害自身，也会给亲生儿子带来灾难。这种现象在历代后宫都很常见，就如后来的明孝宗也是这般。这位可怜的母亲在亲生儿子登基十年后凄凉去世，至死都没能母子相认。

乾兴元年（1022年），13岁的赵祯即位，刘氏以皇太后的身份垂帘听政，权倾朝野。刘太后在世时，他一直不知先皇嫔妃中的顺容李氏就是自己的亲生母亲。"人畏太后，无敢言者，终太后世，仁宗不自知为

（李）妃所出"，这大概与刘太后有直接关系，毕竟她在后宫及朝廷内外都能一手遮天。在这种情况下，估计不会有人冒着生命危险告诉仁宗的身世秘密的。明道二年（1033 年），刘太后病逝，仁宗刚刚亲政，这个秘密也就逐渐公开了。

在仁宗了解自己身世的同时，还听说自己的亲生母亲竟死于非命，所以他一定要打开棺木查验真相。当棺木打开，只见以水银浸泡、尸身不坏的李妃安详地躺在棺木中，其容貌如生，服饰华丽，仁宗这才叹道："人言岂能信?"随即下令遣散了包围刘宅的士兵，并在刘太后遗像前焚香谢罪："自今大娘娘（仁宗称刘太后为大娘娘，杨太妃为小娘娘）平生分明矣。"言外之意就是刘太后是清白无辜的，她并没有谋害自己的母亲。

关于李宸妃的葬礼，其实经历了这样一个波折。宸妃去世后，刘太后本欲以一般宫妃之礼葬之，吕夷简却奏请"礼从厚"。刘太后已然理解了他的意思，故意说："卿何为间我子母?"夷简对曰："太后他日不欲全刘氏乎?"。于是，以太后之礼厚葬李氏。吕夷简当时任宰相，是个最能审时度势的人物。

宋仁宗与刘太后的关系，在现实政治中引出了一代名臣范仲淹，在戏剧中则成就了足以为万世楷模的清官包拯。纵观仁宗一朝，可说是政治昌明，文化繁荣，名臣辈出。下面我们便从范仲淹说起，因为在他身上很好的体现了仁宗一朝的政治特点。

范仲淹的人生经历可以作为历代有志于仕途之人为人为官一本最好的教科书。他幼时丧父，随母亲改嫁，从小便刻苦攻读，通过科举进入仕途。身处官场他刚直不阿，不随波逐流，为官一任，造福一方。无论是居庙堂之高，还是处江湖之远，他都心系苍生社稷，更是唱出了"先天下之忧而忧，后天下之乐而乐"这样传诵千古的慷慨长歌。范仲淹在

政治、军事、文学、教育等诸多方面都颇有建树，可说是上马治军，下马治民，为千古名臣之典范，连朱熹都称他为"有史以来天地间第一流人物"！

天圣六年（1028年），范仲淹服丧结束（母亲去世）。经晏殊的推荐，他荣升秘阁校理——负责皇家图书典籍的校勘和整理。他发现仁宗皇帝年已二十，但朝中各种军政大事，却全凭60岁开外的刘太后一手处置。同时他还听说这年冬至那天，太后要让仁宗同百官一起，在前殿给她叩头庆寿。范仲淹认为，家礼与国礼不能混淆，损害君主尊严的事应予制止。他奏上章疏，批评这一计划。接着他索性又上了一道奏疏，干脆请老太太撤帘罢政，将大权交还仁宗。

结果毫无悬念，范仲淹被贬出京城，调往河中府任副长官——通判。三年多以后，刘太后去世。由于仁宗对范仲淹的人品已经有所了解，亲政后便将范仲淹召回京城，升任右司谏——专门评议朝事的言官。而此时，朝野上下直接或间接地攻击太后垂帘时政事的人越来越多。范仲淹此前虽然强烈要求太后还政，甚至因此受到不公正的待遇，但他却并未借机报复。反而劝仁宗说，太后受先帝遗命，保护您十多年，不要因一些小小的过失而毁了太后的声名。仁宗听了很是感动，由此愈发敬重范仲淹，下令不许议论太后垂帘时的事情。

这时就发生了著名的明道废后风波。事情是这样的，当年宋仁宗到了大婚年龄时，皇太后刘娥特意挑选了几个有身份的女子进宫。宋仁宗一眼看上骁骑卫上将军张美的曾孙女张氏，想立张氏为皇后。但刘太后认为张氏不如平卢军节度使郭崇孙女郭氏，宋仁宗只好按刘娥的意志立郭氏为皇后。太后去世后，郭皇后失去了靠山，不但不懂得谦让与宽容，还处处与后宫嫔妃争风吃醋，所以宋仁宗就有意废掉她。

后来事情发生得很有喜剧性："仁宗郭后为母强加，非其所愿也。

仁宗别有所宠，故郭后每与他妃争风吃醋。一日，仁宗与郭后、尚氏聚谈，言无数句，郭尚口角。尚恃宠弗让与后，后气极掴其面，尚氏闪避未及，帝阻拦，后掌反掴于颈，留血印两道。"宋仁宗脾气再好，也容忍不了这种事情啊。

而在此之前，宋仁宗为了摆脱刘太后执政的影子，罢免了曾经依附太后的大臣，唯独没有罢免宰相吕夷简。有一天宋仁宗在后宫与郭皇后谈论此事，还特意提到吕夷简忠诚可嘉。宋仁宗之所以格外赞赏吕夷简，就是因为他曾经力主将宋仁宗生母李氏以皇后之礼下葬。郭皇后却认为吕夷简其实也是阿谀奉承刘太后之辈，不过为人机巧，善能应对而已。宋仁宗略一思忖，认为郭皇后的话也有道理，于是将吕夷简也罢相。宦官阎文应与吕夷简交好，告诉吕夷简是因为郭皇后随口一句话导致他被罢相。吕夷简得知后，心中自然不满。

过了几个月，宋仁宗又想着吕夷简的好来，便将他召回重新为相。吕夷简抓住这一机会，便让谏官范讽乘机进言："后立已有九年，尚无子，义当废"，他自己则在一旁随声附和。更有甚者，内侍副都知阎文应还劝宋仁宗示颈部被打手印让大臣观看，以压制大臣们的议论。

吕夷简在这场风波中泄私愤、黜台谏的一些不地道作法，为时论所非议。如此大事范仲淹这样的忠臣和直臣自然不能不管。结果还是一样，直接就被贬去做睦州知州。

过了几年，范仲淹由睦州移知苏州。因为治水有功，又被调回京师，并获得天章阁待制的荣衔，做了开封知府。范仲淹在京城大力整顿官僚机构，剔除弊政，把工作安排得井井有条，仅仅几个月，号称繁剧的开封府就"肃然称治"。由此可见，范仲淹不但是一个直臣忠臣，还是一个能臣。

 ## 宋仁宗赵祯最爱张贵妃？

宋仁宗是宋朝时期非常清明的皇帝，他不仅在政治上功能卓越，生活简朴，更是立志改革，想要让宋朝强大。同时，这样一个事业有为青年，也有一段刻骨铭心的爱情故事。而他最爱的人，就是他的妃子张贵妃。

宋仁宗身边美女如云，可是有一美艳女子却能在众多美女中脱颖而出，专宠多年，此人就是贵妃张氏。

张贵妃出身寒微，在宫中难免受人歧视，于是总盘算着拉自己娘家人一把。张贵妃的父亲和兄弟都不够争气，只有伯父张尧佐还算争气，虽然关系疏远了一点，但毕竟是娘家人。张尧佐担任地方官多年，名声还不错，后被顺利调到中央。张贵妃看中了"宣徽使"一职，这是皇城各衙门的最高负责人，是皇帝的大总管，权力极大。

可是，张贵妃枕头风吹了很多遍，宋仁宗总是迟迟没有动作。张贵妃每天都哭哭啼啼，宋仁宗招架不住，答应试一试。临出门，张贵妃拍拍宋仁宗的肩，说："今天可不要忘了提宣徽使的事啊。"宋仁宗连连说："得了得了。"很是无奈。宋仁宗上朝后宣布这项任命，可是包拯极力反对，说话慷慨激昂，唾沫都喷到皇帝脸上了。皇帝很无奈，只好放弃。

这个故事一般被认为表现了包拯的刚直敢谏和宋仁宗的仁慈虚心，

可是原文后面还有一段奇怪的文字："温成（张贵妃）遣小黄门次第探伺，知拯犯颜切直，迎拜谢过，帝举袖拭面……"按照常理，一个人被人把唾沫喷到脸上后，会在第一时间擦去，可是宋仁宗没有。他不但没有在朝堂上立刻擦去，就算是在散朝之后也没有擦去，而是一直从朝堂退出，走到后宫，来到张贵妃面前，才"举袖拭面"。

很明显，他在施展"苦肉计"。

宋仁宗就是要告诉张贵妃，不是我不把你放在心上，而是阻力实在太大，我都被人吐口水了，绝对不是骗人，有口水为证。他还借题发挥，说："中丞向前说话，直唾我面。汝只管要宣徽使、宣徽使，汝岂不知包拯是御史中丞乎？"言下之意，我这么受辱，完全是为了你啊！

果然，看到宋仁宗为自己受了这么大的委屈，明明他并没替自己办成事，可张贵妃不但没有责备他，反而主动迎上前去向他道歉。面对大声嚷嚷、一脸愤然的宋仁宗，张贵妃小心翼翼，很久都不再提给家人封官的事情了。

张贵妃身为大宋帝国的第二夫人，自然少不了人来巴结。大臣王拱辰（李清照的曾外公）因为反对庆历新政，刻意打压苏舜钦和范仲淹，被宋仁宗贬到地方担任知州去了。他想调回京城，便千方百计搜罗了一个定州红瓷器献给张贵妃。定州瓷本就是宋瓷中的珍品，红瓷更是定州瓷中罕见的变种，据说颜色犹如朱砂，晶莹剔透又如美玉。

张贵妃见到后爱不释手，但知道宋仁宗不喜欢后妃和大臣来往、干预朝政，只是偷偷赏玩。有一天宋仁宗突然到来，张贵妃来不及藏好定州红瓷，被宋仁宗发现了。宋仁宗一看大怒，生气地问："安得此物？"张贵妃看到仁宗大怒，也不敢隐瞒，供出了王拱辰。宋仁宗更怒，一下子把珍贵的瓷器砸碎了。张贵妃一脸愧色，连忙下跪请罪。王

拱辰自然也没有被调回。

可是，就算张贵妃宣扬自己绝不收礼，还是有许多人想破脑袋用各种方法表达自己的"心意"。出身名门、位高权重的名臣文彦博也不能免俗。张贵妃的父亲和文彦博的父亲早年相识，文彦博想借张贵妃之力拜相，就费尽心思找了一匹珍稀的用金线编织的蜀地灯笼锦献给张贵妃。张贵妃大喜，做成一件华丽的礼服，并在上元佳节宫廷大宴时穿上，一时艳惊四座，连宋仁宗都频频注目。可是，当宋仁宗听说这匹灯笼锦是文彦博所献后，就算宴会上人多嘴杂，易惹是非，宋仁宗还是顿时沉下脸来，给了张贵妃一个大大的难堪。

不过，宋仁宗还是很注意分寸的，要让自己心爱的女人斩断和所有人的人情往来，不大现实，也没有必要。王拱辰献上定州红瓷，宋仁宗一斧砸掉；文彦博献上灯笼锦，宋仁宗只是给点儿脸色。关键在于，王拱辰是因为反对朝廷新法、且恶意陷害朝臣而被贬的，这种人绝对不能轻易赦免，所以宋仁宗态度强硬；而文彦博和张贵妃毕竟算是世交，互相有点人情往来，也不是不可以。只是一个是后妃，一个是朝廷重臣，并且是呼声很高、即将拜相的朝廷重臣，两人一旦勾结，很有可能操纵朝政，所以宋仁宗必须防患于未然。于是，按照正常程序，宋仁宗仍然任命文彦博为宰相，但当御史提出，文宰相曾经献给张贵妃灯笼锦时，宋仁宗趁机发难，将文彦博罢相，以警醒自己的女人们。为了安抚贵妃，那个提出弹劾的御史随后也被罢官，算是平衡。

当然，如果宋仁宗只是一味强硬，总是使用家庭暴力，动手脚、甩脸子，那也算不得艺术。他在处理江山和美人的关系时，还注意以理服人，以情动人。

当时的大宋宫廷，常常是国家流行时尚的发源地，宫中发生的大小事务不但关系到大宋的政治、军事，还关系到大宋的经济、生活。像金橘，本是江西的特产，因为出产地太偏远，开封府的许多人都不认识，可是有一次江西的官员献上金橘，张贵妃一吃就爱上了这口，于是京城都流行吃金橘了，金橘价格一下暴涨几十倍。好在金橘不是什么贵重物品，价格比较低廉，对百姓的生活影响比较小，可是珍珠就不同了。宋代的珍珠，价格多是黄金的十倍。有一年，广州有一个外国商人非法携带一批珍珠被官府抓捕充公。珍珠运到京城，宋仁宗带着后宫嫔妃集体观赏。张贵妃一看到硕大且无瑕的珍珠，就走不动了。看到心爱的女人如此喜欢，宋仁宗自然大方地将珍珠赏赐给她。可是其他嫔妃不干了。平时皇帝就经常赏赐一些好东西给张贵妃，现在又给她珍珠，实在太偏心了！宋仁宗就答应让人去集市上购买类似的珍珠，结果搞得京城的珍珠价格暴涨。

宋仁宗听说后很是担忧，当时国家多难，西北不宁，又长年给辽国和西夏支付岁币，国库并不充裕。若是因为购买珍珠这样的奢侈品，耗费大量钱财，实在不划算。可是，也不能无视其他嫔妃，后宫不宁，朝廷也难安啊。怎么办呢——众位嫔妃之所以要珍珠，其实不是为了珍珠本身，只不过是不忿唯独张贵妃得到珍珠罢了。如果张贵妃能够主动放弃，其他人自然就不会纠缠了吧？

几天之后，皇帝召集众位嫔妃观赏牡丹，皇后和嫔妃都到了，唯独张贵妃最后到，头上戴满了前两天宋仁宗单独赏赐的名贵珍珠。众位嫔妃一看张贵妃那神气活现的样子，都很忌妒，曹皇后更是脸如寒冰。这次，宋仁宗没有像以往一样迎上前去，而是站立不动，等张贵妃自己走过来。不但如此，他还用袖子遮住自己的脸，说："满头白纷纷，岂无忌讳？"一头的白色珍珠，仿佛死了人服丧一样，多难堪！听到宋仁宗这么说，所有嫔妃都哈哈大笑。张贵妃羞愧难当，急忙回去换了寻常的装扮。宋仁宗看了很高兴，亲自上前给张贵妃头上簪了一朵艳丽的牡丹花。

于是，所有嫔妃都不戴珍珠头饰，改插牡丹花了。自然，京城的珍珠价格也恢复到了正常水平。

宋仁宗用一朵牡丹花就平抑了京城的珍珠价格，更平息了众位嫔妃的纷争。如此处理家庭和事业、爱情和工作的关系，江山和美人两不误，可谓高明！

张贵妃虽然备受宠爱，可是 30 岁出头就一命呜呼。宋仁宗悲痛万分，不顾曹皇后的冷眼和朝廷众位大臣的反对，在皇后在世的情况下，就追封张贵妃为温成皇后宋仁宗到底是否最爱张贵妃，后世人很难说清楚！

宋仁宗为何倚重包拯

赵祯是一个仁厚之人。他知道自己身世后，先是尊奉李氏为皇太后，谥号为"庄懿皇太后"，而刘太后谥号为"庄献明肃皇太后"，两个母亲并列。毕竟如果不是刘太后抚养，赵祯也当不了皇帝。隔了几个月，他又特意下诏：禁止朝臣议论原来刘太后垂帘听政时期的旧事。以后他一直同样祭祀两位母亲，把一场深宫恩怨化解得无影无踪。

赵祯对于法律有很大的兴趣，亲政后不久，他就提审京师在押的囚犯，又要求司法机关重新审定刑法，恢复向地方派出专门负责司法审判以及监察事务的提点刑狱使。刘太后听政期间，已经编制过一次法典，号为"天圣编敕"，仁宗亲政后再次编定"编敕"，更新法典的内容。

宋仁宗对于法官人选尤其重视。有一次，刑部报告一件人事安排，要提拔一个官员为刑部的"详覆官"（专门复核案件的官职），宋仁宗记性很好，说："这个人不是曾经因为'失入人罪'（因为过失将无罪的人判处为有罪、轻罪判处为重罪）而受过处分的吗？这样的人怎么还可以担任法官？"下令将那个人调离司法职位，所有的推荐者都处以"罚金"。有一年陇州的陇安县发生一起冤案，5 个平民被人诬告为强盗，一个人在县衙门受审时遭拷打而死，另外 4 个人被迫认罪。家属赶到州衙门去喊冤，被州衙驳回，结果 4 个人全部被处决。后来在其他地方抓获了真正的强盗。陇州的官员们正在被依法处理诬告者和制造冤案者时，恰好朝廷发布大赦，按照法律，这些诬告者和制造冤案的官员，都可以不再追究罪责。宋仁宗气不过，特意下令，将知州孙济贬为雷州参军，连降四级；其余的有关官员全都除名（不得再次为官），流放岭南。他还为此特意下达诏书，要求各级地方基层法官杜绝此类冤案。

宋仁宗皇帝生性宽厚。他在位期间，北宋经济发展，社会安定。而他对于司法审判事务的关注，也与一位古代最著名的法官的事迹相映得彰。这位法官就是被民间称为包公的包拯。

包拯和传说中一样的是，他初任官职就有了破案如神的名气。天长县有个农民和邻居有过节，这个农民在夜里偷偷把邻居的耕牛舌头给割了。耕牛主人到县衙报案。这是一件无头案件，一无被告，二无旁证，按照当时的司法惯例，县官完全可以发一个官样文章的侦查文书，就算是过去了。可包拯的处置却与众不同，他叫耕牛的主人赶紧回去，大白天就把牛杀了，割下牛肉发卖。耕牛主人依嘱而行，回家就公然把那头耕牛宰了。

按照宋朝法律的规定，伤牛及私宰耕牛者都要判徒刑，而举报者则有赏。那个偷割牛舌的农民第二天就去举报耕牛的主人"私宰耕牛"。

包拯把那个告发者召进来，开口便问："你为何偷割了人家的牛舌，又跑来告人家私宰耕牛？"那人被包拯说中心事，目瞪口呆，赶紧下跪认罪求饶。

天长知县任满之后，包拯升任端州（今广东肇庆市）知州。端州盛产名贵砚台，每年要向朝廷进贡。端州前任知州们往往征取数十倍于贡额的端砚，私下里赠送朝中权贵。而包拯在任期间规定，仅按进贡的数额制造，不准多取。当他任满调离之时，连一块砚台都未带走。这就为他带来清廉正直的名声，很快受到朝廷的重视，被召往京城，到朝廷中枢任职，在御史台担任监察御史。

宋仁宗后宫里有众多的妃嫔，可是当了 28 年皇帝的他，却一直没有一个健康的儿子，早先曾有过三个儿子都是早夭。为了保证自己的皇位能够由亲生的子嗣来继承，宋仁宗难免采取"广种薄收"之策，除了妃嫔外还临幸宫女无数。据说他每临幸一位宫女，就赐予一个龙凤刺绣抱肚，作为凭证。而大臣们认为他这样做是纵欲过度，会劳神伤体，几次建议他将众多宫女遣放民间，宋仁宗也确实曾遣放宫女回归民间嫁人，如宝元二年（公元 1039 年）就曾一次放宫女 270 人，嘉祐四年（公元 1059 年）曾两次总计放出 450 名宫女。

皇祐二年（公元 1050 年），开封城里出了个奇案。有个叫冷清的年轻人，自称自己是"皇子"，自说自话，到处张扬。市民们吃不准他的来头，街谈巷议，风言风语，传遍全城。当时知开封府事的钱明逸听说了这件事，下令将冷清抓来。想不到冷清进了大堂，并不下跪，反而对着钱明逸大喝一声："明逸怎可不站起身来！"这钱明逸一时疑惑，竟然不知不觉站了起来，像是迎接来宾的样子。过一会儿才感觉到自己失态，重新坐下，要冷清站立讲话。冷清拿出一副皇子的派头，说自己的母亲是宫中放出的宫女，当年曾得天子临幸，有龙凤抱肚为证。母亲在出宫

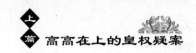

后生育了他，所以自己是当今皇上的独子。钱明逸见这件事不好处理，只好先将冷清关押起来，再上奏仁宗皇帝。

宋仁宗对于这个案子采取的却是模糊处理的办法。他自己也搞不清究竟是否和冷清的母亲发生过关系。鉴于他自己也是宫女所生，万一这个冷清真的是自己的孩子，倒也是一件幸事。所以他没有明确指示如何处理，只是推给开封府详审决断。钱明逸也没有办法去查清楚，尤其是吃不准宋仁宗的态度。好在冷清被关押几天后，就显露出精神不太正常的样子，讲话颠三倒四，行为怪异。于是钱明逸判处此案为"疯人无状"，扰乱视听，将冷清发配到汝州（今河南临汝）编管。

可是案件到此非但没有结束，反而进一步发展成了政治风波。开封府的推官韩绛越级上奏朝廷，说钱明逸这样处置是让冷清继续造谣惑众。宋仁宗继续采取模糊政策，将案件交付朝议。朝议时，有大臣建议将冷清发配到远离京师的江南编管，减少影响。但是翰林学士赵概坚决反对，认为一定要把案件搞清楚，"冷清所言不虚，就不应发配；如果确实是欺诈，就应该处死"。

宋仁宗只得下令要赵概和包拯两人重新审理这个案件。包拯亲自审讯冷清，并且广泛开展调查，花了几个月时间，终于搞清了事实。冷清的母亲王氏确实是宫里放出的宫女，也确实被宋仁宗赐予过龙凤抱肚。不过出宫后嫁人，先生过了一个女儿，以后才生了冷清，因此完全可以排除冷清与皇室的任何血缘关系。冷清长大后不务正业，听说宋仁宗长期未能得子，就倚仗老妈的那个龙凤抱肚，开始在街巷里自称皇子。原来他只是在家乡行骗。有一年，他流浪到潭州（今湖南长沙），遇见一个叫高继安的道士。那个道士明知道他实际上不可能是皇子，但却觉得这也是奇货可居，便资助冷清置办行装，和他一起到京师来试试运气。当冷清被抓进开封府后，高继安又指使他装疯卖傻，逃脱罪责。

包拯向宋仁宗报告，请求立即将冷清和高继安斩首示众。宋仁宗犹豫了一段时间，没有做出决定。包拯再次上奏，陈说利害，尤其是提到此案不立即从重判处，唯恐天下"奸邪"之徒别起事端。皇祐二年四月，宋仁宗终于批准对这两个政治诈骗犯执行死刑。一件传得沸沸扬扬的奇案就此了结。

和历史上许多皇帝一样，宋仁宗也常常会按照"枕头风"的风向来决定人事任免。他在众多的妃子中最宠爱张贵妃，于是张贵妃的伯父张尧佐坐着"直升机"一路飙升，担任过几次地方大员，很快升任相当于财政部长的"三司使"，同时还兼了几个有俸禄的官衔，在北宋的外戚任命史上创下了绝无仅有的记录。

朝臣们认为张尧佐毫不称职，任用外戚也有违祖制，要求皇帝撤张尧佐的职。在这场谏争中，已经升为御史中丞的包拯自然站在谏争的第一线。争论达到高潮时，包拯曾站在仁宗跟前，滔滔不绝。仁宗气得说不出话来，拂袖而去，回到后宫对张贵妃发脾气："你只知道让他官升宣徽使、宣徽使，就不知道现在的御史中丞是包拯!"这场弹劾成了一场持久战，张尧佐的官职也随"战事"而沉浮，直到张尧佐生病去世才告终。而包拯在这次"弹劾战争"中的表现更引起了宋仁宗的注意。

宋仁宗是一个好皇帝，他并不因为包拯敢于断自己的家务事而生气，更没有给包拯"穿小鞋"，他知道包拯是忠臣，包拯的谏争是为了朝廷的利益。

包拯进京任监察御史，是出于大臣王拱臣的推荐。当时王拱臣是反对范仲淹"庆历新政"的朝臣首领之一。而包拯对于这场"庆历新政"的改革，完全是就事论事。范仲淹的改革以整顿吏治为第一目标，在他的主持下，朝廷决定向各地派出按察使，专门监督地方官吏。很多朝臣反对这一举措，认为是一项"苛政"。包拯担心的是范仲淹派出的官员的素质参差不齐，而且按察使权力过于专断，有可能因人废事，因此他上一个奏章《请不用苛虐之人充监司》。反对"新政"的朝臣们以为包拯是自己的同党，也随之大举弹劾范仲淹。可不久，到庆历五年（公元1045年）新春，范仲淹罢相离京，新政失败，保守派正在庆祝之时，包拯又上了一篇《请依旧考试奏荫子弟》，要求维持范仲淹对于引朝廷恩典获得任官资格的官宦子弟进行任职考试的制度。

显然，在包拯的眼里，朝臣没有派系党争之分，他看到的只有事实与道理。宋仁宗很欣赏包拯这种不看人情世故的风格，后来给他一个"知谏院"的差遣，专门负责向皇帝谏争政务。包拯到任后，给宋仁宗的见面礼是一道奏章《七事》，请求皇帝在用人上区别奸忠、不信朋党、信用贤能、治奸妄之人、访才用贤、起用贬逐之臣，几乎与范仲淹"庆历新政"所提倡贯彻的用人原则如出一辙。

当时的宰相是大文豪宋庠。他执政7年，一没贪赃枉法；二没苛政暴政；三没道德败坏，实在无错可挑。可是包拯却激烈地弹劾宋庠说：国之重臣，毫无建树，就是"尸位素餐"。这一弹劾震动了朝臣。很多大臣觉得这包拯直的就是不通人情世故，说他只会黑着脸批评人，脸上出来没有笑容，这大概就是后来民间传说"黑包公"、"包黑子"的由来了。

宋仁宗之所以倚重包拯，那是因为包拯在朝廷上不结朋党，对待亲属也是"六亲不认"。在曾经外放到自己的家乡庐州（今安徽合肥）为知州。当地的包氏亲友见他衣锦还乡，有些人难免得意忘形，自以为有包拯为靠山，做些违法苟且之事不要紧。想不到包公真的不看乡邻情面，有错必究，有罪必罚。

 宋仁宗的郭皇后被废之谜

自古有言，不是冤家不聚头，很多的夫妻都是吵吵闹闹一辈子，年轻的时候偶然动手动脚也算不得什么，可是在遥远的宋代，仁宗朝的郭皇后，却因为自己一个巴掌甩出去，引发了一连串的问题，甚至于自己最后莫名死亡。

据《宋史》记载，仁宗有段时间非常宠幸尚美人、杨美人，而这两位恃宠而骄，自以为有皇帝撑腰，对郭皇后也不待见，好几次因为一些小事而发生争执。有一天尚美人当着郭皇后的面，向皇帝说郭皇后的坏话。身为后宫主人的郭皇后怎能容忍，于是，冲上前去给尚美人一个耳光！没想到仁宗到两人中间去劝架，不小心一巴掌就落到了仁宗的脖子上。顿时在仁宗脖子上留下几道血痕。仁宗此时不过二十四五岁，年轻气盛，加上又在自己心爱的女人面前，还有不少太监宫女看着。仁宗心中大怒，但仁宗生性仁慈，于是强压怒火，愤愤离去。

若此事发生在寻常人家，或许三五天之后也就过去了，可是在宫廷，一个巴掌就是一场轰轰烈烈的废后运动的开始。

在这段时间朝廷的各种力量纷纷活动，上演了一幕又一幕精彩的"宫心计"。

首先发难的是尚美人和杨美人。两人和郭皇后一向有过节，而且两人都希望取而代之。此时郭后竟然当众打伤了仁宗皇帝，那还得了，虽然说皇后是一国之母，可皇帝对皇后依然是丈夫，是君上，何况又是打在脖子上，让仁宗皇帝有何脸面面对朝廷大臣，面对天下臣民。仁宗皇帝必将成为古今第一可笑之君王。试想，两位妃子时常如此说，让仁宗皇帝情何以堪？

第二个发难的是吕夷简。吕夷简是仁宗朝极有权势的一位宰相。早在刘太后辅政期间，吕夷简就深受重用。而在刘太后去世之后，仁宗想清除一些刘太后的党羽，而建立自己的班底，于是和当时担任宰相的吕夷简商议。回宫之后，仁宗和郭皇后说起此事，郭皇后说：吕夷简就唯独没有阿附太后吗？只是他那人，一贯奸猾，善于应变罢了。仁宗一听记在心上，随即罢免了吕夷简。而吕夷简向来和仁宗皇帝的亲随太监阎文应关系很好，一打听竟然是郭皇后在背后搞鬼，心中嫉恨。

吕夷简四月罢相，之后，宋仁宗听说，正因吕夷简的进言，自己的生母李宸妃才能按照皇后的礼仪安葬，对吕夷简非常感激，那年的十月就恢复了吕夷简的相位。此时，一个巴掌引发的风波发生了，吕夷简不想错过这样的机会，于是向仁宗进言废后。一时之间，大臣议论纷纷。有人义愤填膺，认为天子受辱；有人大声抗议，认为皇后无错。

在挨打之初，仁宗皇帝当然想废后，可之后以孔道辅、范仲淹为首的十多位朝廷大臣纷纷上书，抗议废后，以为郭后无大过，废后伤国本。可最终仁宗还是决定废掉郭皇后。

那是因为，仁宗皇帝对郭皇后的怨恨由来已久。

郭皇后是平卢军节度使郭崇的孙女，而且是刘太后当年亲自选中。当初有位仁宗皇帝非常宠爱的，张美人也参加了选后，可是刘后不喜欢，仁宗文弱年幼只能依从母后。而刘太后手腕强硬，在历史上有宋朝武则天之称。在母亲的阴影下生活的少年仁宗，也想自由的呼吸，真正做一回君王。虽然不敢公开对抗母后，可对于刘太后选择的郭皇后却一直冷

淡。加上郭皇后年幼无知，仰仗刘太后的宠爱，多番干涉仁宗，不许仁宗和其他妃嫔亲近。一旦刘太后去世，积压的怨恨就在仁宗心中盘旋。而郭皇后此刻的一巴掌，就成了引发连环轰炸的导火线。

终于，仁宗决定不顾朝臣反对，下旨废后。在诏书上当然不能提打了自己一耳光的事情，而是说郭皇后入宫多年，却没有生育，自愿进入道观忏悔。一场风波暂时被压制下去了。

如果事情到此为止，也不算太过。可之后，仁宗竟然默许他人毒杀郭后，隐然成为杀死自己妻子的凶手。

有一天，仁宗在后宫走着，看到郭皇后以前坐的肩舆（轿子），想起了自己和郭皇后少年相识的种种往事，心有不忍，于是写了一首词让人带给废黜的郭皇后。两人诗词唱和，让仁宗更加感动。当仁宗表示要召见郭皇后的时候，郭皇后却表示，只有在召集百官正式恢复皇后的身份，才能再次和仁宗相见。

郭皇后的这些举动也立刻引来了力主废黜郭后的宰相吕夷简和太监总管阎文应的恐慌。一旦郭后复位，吕、阎二人，必然死无葬身之地。不久之后，郭皇后生了点小病，仁宗皇帝让阎文应带了御医去给郭后看病。阎文应逼迫御医改换药材，故意加重郭后的病情，之后郭后暴毙。曾经有于是王尧臣怀疑死因，要求检查郭后的饮食记录，但仁宗不准许。一段惊天大案，再次生生被压制下次。

虽然仁宗心念郭后，可既然已知阎文应、吕夷简和郭后有生死之仇，却依然派阎文应去探视郭后，而郭后暴死，疑点重重，却置之不理，虽然没有亲手行凶，和杀妻无异！

仁宗心中本对郭后心存愧疚，为何之后后如此冷酷？只为郭后贪婪。当仁宗发出邀请，若郭后动之以情，或许还有望回归宫廷。可郭后不知进退，竟然以恢复皇后之位要挟，难免让仁宗又想起当年刘太后的

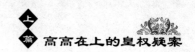

压抑和郭皇后往昔的跋扈。一瞬间，满腔柔情化为冰水，郭后死因，从此种下。

　　而之前提到的尚美人和杨美人，也没有什么好下场。当时宫中以杨太后为尊，在一个巴掌引发的风波之后，杨太后以两位美人魅惑仁宗，使仁宗身体虚弱，以至耽误国事为由，下令将两位美人赶出宫廷，并强迫她们出家。两位美人哭哭啼啼，哀告仁宗，仁宗也无可奈何。

宋仁宗生母李宸妃去世之谜?

在宋仁宗出生到宋仁宗正式掌权的二十多年间，宋仁宗一直认为自己的生母就是皇后（皇太后）刘娥。但其实自己真正的生母李氏，则在冷清的宫廷一角默默的祈祷儿子一生幸福。

在这二十多年里，关于李氏的记载很少，大多只是官职的罗列，李氏寻访弟弟李用和的事情应该是李氏人生中的一件大事。

宋真宗章懿皇后李氏因其曾被册封为宸妃，历史上一般称其为李宸妃。李宸妃为宋真宗赵恒的妃嫔，宋仁宗赵祯生母。杭州人，祖父李延嗣，仕钱氏，为金华县主簿；父李仁德，后来封为左班殿直。

李宸妃是宋真宗赵恒的妃子，她的陵墓在永定陵区内，位于真宗陵的北边。她是宋仁宗赵帧的生母，由于生前受尽了冷落孤独的磨难，生了个皇帝，却没有享受到荣耀和富贵，所以不少人为她鸣不平，关于她的故事很多，最有名的便是"狸猫换太子"，数百年来，在戏曲舞台上常演不衰。有好事者竟在她的陵西封了个小冢子，称为"猫家"。许多人来此参观，都想看看李宸妃的墓，还赢得不少多情者的眼泪，但大部分人了解的是戏曲舞台上的李宸妃，而她的真实遭遇却很少有人知道了。

李宸妃，杭州人，初入宫时为刘德妃的侍女。偶然得到真宗的临幸而有了身孕，之后真宗便更加宠爱她。有一次她随帝游玩，同登砌台，忽然玉簪坠落台下，真宗私下祝愿，如果爱妃怀男胎，玉簪当完好无折。

太监从台下抬回玉簪，果然没有摔断，真宗甚为高兴，对李妃也更加关爱。大中群符三年（公元1010年）四月，李宸妃生下皇子受益，朝廷内外一片欢庆，李妃也被册封为顺容。刘德妃这时已册封为皇后，但她不会生育，一听说李妃生了个男孩也非常高兴，便把皇子从李妃身边要过来，作为自己的亲生抚养。李妃却被安置后宫软禁起来。当时刘后有权有势，谁敢说个不字。李妃每天思念儿子而不得一见，以泪洗面的日子，使她百病缠身，过早地衰老了。

光阴荏苒，岁月流逝，真宗皇帝于乾兴元年（公元1022年）驾崩，皇子登上龙位，是为仁宗，改名赵恢。因为他年龄太小，所以早已预政的刘太后便垂帘听政，掌握了朝廷大权，慑于刘太后的权势，谁也不敢说太后不是皇帝的亲生母亲。李妃依然在后宫默默自处，始终没有认为自己生了个皇帝而傲视后宫。她也无权无势，只有一个弟弟也被贬出了京师。独居冷宫，举目无亲，长期的压抑心情使她病情越来越重。明道元年（公元1032年）二月，李宸妃在后宫饮恨而亡。刘太后听说后，便派了个亲信，嘱咐他按一般宫人礼仪埋葬。丞相吕夷简听说后，马上去见刘太后，申明李宸妃应按皇后规格厚葬。刘太后正同皇帝议事，一听吕夷简的话，恼怒非常，拉着皇帝进入内室。吕夷简站在殿外不走，刘太后看他站了很长时间也不动，便出来厉声训斥他。吕夷简说："臣既当丞相，事无大小，内外我都应该管。"刘太后更加恼怒，指着吕夷简的鼻子大骂："你想离间我们母子吗？我叫你死无葬身之地。"吕夷简也不示弱，道："你难道不想保全你们刘氏家族吗？如果你想让刘家香火不断，就应该厚葬李宸妃"。刘太后无言可对，便派太监罗崇勋去操办李宸妃的丧事。吕夷简对罗崇勋说："李宸妃是皇上的生母，如丧不成礼，将来皇上一旦得知，咱们都吃罪不起。"罗崇勋只有唯唯点头，他按照宰相的安排，用皇后一级的衣冠、佩饰装殓李宸妃。为保其尸身不腐坏，

特用水银灌注棺木。在从宫内运棺出城的道路上，刘太后又说李是妃子，不能从宫门出棺，要在后宫院墙上扒个窟窿，棺木从此出宫。吕夷简不同意这样办，又拒理力争，刘太后才勉强同意在西华门出棺，暂居京师南郊的洪福院内。

明道二年（公元1033年）三月，刘太后归天了。此后有些官吏才悄悄向皇帝透露，他不是刘太后所生，其生母是去年死去的李宸妃。开始皇帝还不太相信，因为刘太后平日待他很好，又帮他料理朝政。后来又有不少亲王也这样说，又听说刘太后如何虐待李宸妃，使李妃死于非命，才完全相信。听闻生母的遭遇后很伤心，下诏自责自己不认生母之过，追尊李妃为皇太后，谥曰"庄懿"。又诏回舅舅李和用，甥舅见面，二人抱头痛哭。为了见到生母遗容，察看是否为刘太后所害，便亲自到洪福院祭奠，让舅舅和臣下将棺木打开，因为是水银实棺，李太后尸体未坏，面目如生，衣冠悉按皇后礼葬。仁宗看了非常感谢刘太后，对大家说："有人说刘太后待我母亲不好，由此观之，刘太后可比生母。"

这年十月，仁宗将两位太后的灵柩葬于永定陵。生母李宸妃紧靠先皇而葬，刘太后葬在陵西一里许的沟里。又盖了一座奉慈庙，以供奉两位太后的神主。

部分野史和历史书籍上记录，李宸妃得圣宠，后诞下王子，被刘娥偷换成狸猫。皇上大感震惊，便不再宠幸李妃。李妃被贬入冷宫，由于刘娥的残酷，李妃至死都不能与儿子相认。刘娥称孩子是一宫婢所出，把儿子据为己有，与杨淑妃共同抚养。所幸的是李妃早刘娥一步死去，在同僚的建议下，以皇太后的葬礼形式厚葬李妃，为自己过生后皇帝知道此事做准备。刘娥过生后，仁宗才知道自己的母亲并非刘娥，并处罚了刘氏族人和部分刘娥亲信。在墓陵里才第一次见到自己的母亲。真让人不胜唏嘘。

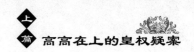

　　宋仁宗归于刘娥名下之事，是民间传说《狸猫换太子》的原型。故事讲述李宸妃与刘娥同时怀孕，李妃生下一子，刘娥生下一女并夭折，刘娥就以狸猫换太子，李妃被指生下妖孽而被逐出宫，流落民间，后向包拯（包青天）申冤，最后认回儿子仁宗并封为太后。

宋高宗赵构："泥马渡康王"的传说

"泥马渡康王"的传说因为一部《说岳全传》而广为人知，说的是宋高宗赵构得神灵呵护，土地神的坐骑化为骏马渡康王渡江逃生，从而开创江南半壁江山的故事。

 宋高宗为何掩盖生母真实年龄？

靖康二年春，金人攻破汴京，俘虏徽钦二帝，北宋灭亡。除了疯狂地抢掠金银，野蛮的金人还大肆搜捕帝后、帝妃、王后、王妃、帝姬、郡主以及大臣妻妾子女，并"依照去目，逐名补送，目详封号，以免混淆"（《开封府状》），将所有被俘人员的姓名、年龄、户口、职官、封号详细登记，分类造册，然后分批押赴北地，宋高宗赵构的生母韦氏也在其中。

关于韦氏被俘时的年龄，《开封府状》称当时"乔贵妃四十二岁。……韦贤妃三十八岁。"也就是说，韦氏生于元祐五年（1090年），靖康二年（1127年）时只有三十八岁。然而，《宋史·韦贤妃传》却称"绍兴……十九年，太后年七十，……二十九年，太后寿登八十，……九月，得疾，……俄崩于慈宁宫，谥曰显仁。"照此推算，韦氏生于元丰三年（1080年），靖康二年（1127年）时已经48岁。在两份史料中，韦氏的年龄竟相差了十岁之多。

作为北宋亡国的见证，《开封府状》是当时金元帅府与开封府之间的往来公文，具有政府案牍性质，它所记载的内容也可以在其他史料中得到验证，其史料价值很高，且具有很强的真实性。而作为正史之一，《宋史》是记载两宋大人物、大事件的官方硬性文献，在史学界具有很高的权威性。在韦氏年龄问题上，《开封府状》和《宋史》孰对孰错？

《宋史·乔贵妃传》载："乔贵妃，初与高宗母韦妃俱侍郑皇后，结为姊妹。"史料中提到的郑皇后，初为向太后的押班侍女，元符三年（1100年）宋徽宗"及即位，遂……赐之。……政和元年，立为皇后"（《宋史·郑皇后传》）。从以上史料中，笔者发现两处疑点：其一，郑氏担任押班侍女期间，不应该有自己的侍女；其二，郑氏嫁给宋徽宗时，韦氏已经21岁，这么大的年龄没有嫁人却被选入宫当侍女，于理不通。

此外，《宋史·韦贤妃传》还称，"绍兴……十二年，……太后年已六十"，这与同一传记中"十九年，太后年七十，……二十九年，太后寿登八十"的记载前后明显矛盾。可见，在韦氏的年龄问题上，《宋史》有所藏掖；或者干脆说，宋高宗故意把生母年龄虚增了10岁。《宋史》欲盖弥彰，恰恰反衬《开封府状》记载韦氏被俘时38岁并非杜撰。那么，宋高宗为何要刻意掩盖生母的真实年龄呢？个中缘由，还应该从"靖康之难"说起。

韦氏被俘后，与成千上万的北宋男女受尽了折磨和蹂躏。《燕人塵》载，"天会时掠致宋国男、妇不下二十万，……妇女分入大家，不顾名节，犹有生理；分给谋克以下，十人九娼，名节既丧，身命亦亡。邻居铁工，以八金买倡妇，实为亲王女孙、相国侄妇、进士夫人。"一般女俘都遭如此境遇，皇帝后妃的屈辱遭遇可想而知。

韦氏被俘后，"二起北行，入洗衣院"（《宋俘记》）。洗衣院并非字面上的洗衣机构，从与韦氏一同被遣送到洗衣院的朱、赵二女次日"并蒙幸御"（《青宫译语》）来看，洗衣院实际上是金国贵族淫乐的场所，类似妓院。韦氏在洗衣院，不可能冰操独守。

天会八年（1130 年）六月，金太宗下令将"宫奴赵（构）母韦氏、妻邢氏、姜氏凡十九人，并抬为良家子"（《呻吟语》）。从洗衣院出来后，韦氏嫁给金国盖天大王完颜宗贤为妾。关于韦氏改嫁一事，辛弃疾《窃愤录》记载，"良久，屏后呼一人出，帝视之，乃韦妃也。太上俯首，韦妃亦俯首，不敢视。良久，盖天大王命左右赐酒二帝及太后，曰：'吾看此个妇面。'盖韦妃为彼妻也。"

《宋代十八朝艳史演义》也讲述了韦氏改嫁："一日，……郎主遂大怒，就将后赐死于外罗院，累及赵后族属为燕京官妻的十余人，一并赐死，……韦夫人险乎也被株连赐死，亏得盖天大王爱护，向郎主力争说：'废后赵氏，吾妻韦氏，并非族属，何得连坐？……缘何概不追究，偏偏罪及韦氏？……臣弟不敢闻命，务请收回成命。'郎主不得已，就把牌使召回。"演义这东西，七实三虚，完颜宗贤称韦氏为"吾妻"，决非空穴来风。

嫁给完颜宗贤期间，韦氏生有一子。为此，金太宗还曾两次"奖励"宋徽宗和宋高宗。天会八年（1130 年）七月，金太宗诏曰："（韦氏、邢氏）用邀宠注，比并有身，叛奴赵（佶），曲加荫庇，免为庶人"；天会九年（1131 年）四月，金太宗诏曰："（韦氏邢氏）本月二十三日、二十六日各举男子一人。眷念产孕之劳，宜酬衽席之费，可各赐白金十锭。赵（佶）赵（构）让美不居，推恩锡类，可并赐时衣各两袭。"

此外，辛弃疾所著《窃愤续录》记载，"或日，有单马若贵家人，寺僧令监者与阿计替入室，反锁其门而去。且曰：'盖天大王并韦夫人来此作斋。'移时，帝于壁隙中遥见韦妃同一官长潜行，从傍有一人抱三四岁小儿，皆胡服，每呼韦妃为阿母，于是帝知韦妃已为盖天大王妻也。"观此情形，这个"三四岁小儿"应为韦氏所生。

为了掩饰宫廷丑闻，宋高宗便在韦氏的年龄上做文章，将其虚增十岁，从绍兴 10 年（1140 年）开始，每逢韦氏"生辰、至、朔，皆遥行贺礼"（《宋史·韦贤妃传》），并将典礼载入史册，依此表明"韦后北狩，年近五十，再嫁虏酋，宁有此理？虏酋舍少年帝姬，取五旬老妇，亦宁出此"，强调韦氏早已失去了生育能力，改嫁、生子的有关传闻不过是金人"编造秽书，以辱宋康"（《呻吟语》）而已，不足为信。

为了让韦氏被俘时已经"四十八岁"既成事实，宋高宗还把韦氏与乔贵妃的"姊妹"关系互换，让韦氏当了比自己年长 4 岁的乔贵妃的姐姐，"二帝北迁，贵妃与韦氏俱。至是，韦妃将还，贵妃以金五十两赠高居安，曰：'薄物不足为礼，愿好护送姊还江南。'复举酒酌韦氏曰：'姊善重保护，归即为皇太后；妹无还期，终死于朔漠矣！'遂大恸以别"（《宋史·乔贵妃传》）。同时，虚构了韦氏曾为郑皇后的侍女，以进一步掩盖韦氏的真实年龄。

随着宋高宗议和路线的确定，绍兴十二年（1142 年）八月，韦氏带着宋徽宗的梓宫回到江南。归国后，韦氏非但没有提及自己在金国的遭遇，反而叮嘱宋高宗"两宫给使，宜令通用；不然，则有彼我之分，而佞人间言易以入也"（《宋史·韦贤妃传》），意思是说，我们母子之

间要多联系，多通气，不然，小人会恶语中伤，从中离间。没做亏心事，不怕鬼敲门，韦氏这番话很奇怪，如同"此地无银三百两"。

为了掩盖真相，宋高宗还害死了自己同父异母的妹妹柔福帝姬。北宋灭亡后，柔福与韦氏一起入洗衣院，后"归盖天大王赛里，名完颜宗贤"（《呻吟语》），说明柔福与韦氏一起当过妓女，还曾一度同侍一夫。后来，柔福伺机逃回了南宋，经宋高宗及宫内老人辨认，确认无疑。然而，韦氏归国后却称"柔福死沙漠久矣"（《鹤林玉露》），将其活活打死。对此，《随园随笔》也称"柔福实为公主，韦太后恶其言在房事，故诛之"，所以杀人灭口。

此外，宋高宗还下诏"禁私作野史，许人告"（《宋史·秦桧传》），开展大规模的野史之禁，严禁士大夫私自修史，提倡官员相互举报，其主要目的还是为了防止韦氏在金国的丑闻被泄露和传播，用高压措施保全韦氏的名声，保住自己的颜面。

"靖康耻，犹未雪；臣子恨，何时灭"，面对辱母之仇，丧国之恨，宋高宗不致力于收复失地、直捣黄龙，而是关起门来耍威风、饰太平，无不反映了他的昏庸和软弱。

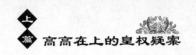

 ## 宋高宗赵构为何盛年主动禅位？

对于一位活了八十多岁的封建帝王来说，五十来岁恰好是盛年，也是执政的黄金时期。再者，大凡封建帝王，没有一个不贪恋权势的，只要不受外力逼迫，只要健康状况尚可，只要还能安安稳稳地坐在龙椅上，没人情愿将皇权拱手让人，哪怕继任者是自己的亲生骨肉。在这一规则下，宋高宗盛年主动把皇位让给养子赵眘的壮举，在中国历史上是绝无仅有的。

绍兴三十二年（1162年）五月，宋高宗突然提出要禅位，右相朱倬认为"靖康之事，正以传位太遽，盍姑徐之"，意思是说，北宋的灭亡，与当年宋徽宗匆忙传位，致使朝政陷入混乱、金兵趁机而入有着莫大的关系，传位一事应当慎重，更应当从长计议。对于朱倬的合理建议，宋高宗不理不睬。六月十日，宋高宗以"老且病，久欲闲退"（《宋史》）为由，下诏传位皇太子赵眘，自称太上皇帝，移居德寿宫。六月十一日，赵眘即位，是为宋孝宗。

宋高宗一向身体强健，禅让时不过才56岁，而且当时身体并没有不适，后来又当了二十五年太上皇帝，直到81岁才寿终正寝，所以自称"老且病"显然是饰词。再者，宋高宗禅位前，南宋军队刚刚在采石之战中大败金人，迫使金帝完颜亮为部将所杀，造成金国一度政局动荡不安；而南宋却边境寝宁，国内安稳，人心振奋，民呼万岁，并不存在迫使宋

高宗禅位的外界因素。在这种情况下，宋高宗主动禅位，既让人纳闷，也催人深思。

有人认为，宋高宗固然贪恋权势，却又苦于国事忧勤，所以愿意以太上皇帝的身份继续享受皇帝的尊荣，却又可以免于国事的困扰。然而，事实上，宋高宗禅位后，并没有就此躲在深宫，颐养天年，不问朝政，而是一到关键时刻，大至对金和战，小至官吏任命，他都会出面干涉，多方牵制，寸步不让，说明他还是愿意为国事忧勤，还是对权力狠抓不放，并非他所讲的"久欲闲退"。宋高宗盛年禅位，有着不可告人的深层次原因。

众所周知，历代皇帝传位，都会选择一个对自己感恩戴德之人作为接班人。宋高宗生平只有一子，名叫赵旉。建炎三年（1129），三岁德赵旉受到惊吓而死。此后数年，宋高宗一直未再生子，而朝野上下主张确立"根本"的呼声却越来越高。不得已，绍兴二年（1132），宋高宗以宋太祖的裔孙赵昚（初名赵伯琮）为养子，并当作内定的储君来培养。到了绍兴三十二年（1162），赵昚已经在皇宫生活了30年，明知皇位非他莫属，虽然嘴上不说，但心里未必不着急。岁月催人老，宋光宗就曾因等到胡子白了而怨恨赵昚不及早传位于他。亲生儿子尚且如此，养子可想而知。如果等到宋高宗临终时再传位，赵昚很可能年过半百甚至年过花甲，这样不仅不会对宋高宗有感激之情，反而会产生怨恨，宋高宗盛年禅位有施恩之意。

再者，宋高宗属于宋太宗一支，亲生儿子赵旉夭折后，按照血缘关系远近，他应该将皇位传给宋太宗的其他裔孙，毕竟符合条件的大有人在。然而，宋高宗却经过再三斟酌，最终选择了宋太祖的裔孙赵昚为接班人。这种改弦更张，舍近求远，置宗室利益于不顾的行为，势必会招来种种非议，特别是会引起宋太宗一支的不满。再者，以太祖子孙继位，

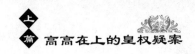

打破传统惯例，也势必要遭到统治集团中许多因循守旧之人的反对，甚至产生变故。所以，宋高宗只有生前禅位，再以太上皇帝的身份压阵，才能确保传位计划的顺利执行，才能确保南宋政治稳定。事实证明，宋高宗以太上皇帝身份作为赵眘的后台震慑朝政，赵眘以非嫡长子的身份即位，朝野上下风平浪静，没有一人敢有半点异议，这在宋朝历代皇帝传位中是极其罕见的。

宋高宗传位赵眘，除了顺应多数士大夫的愿望，赢取归还太祖裔孙帝位的美名，还有难以启齿的目的。"靖康之难"中，除宋高宗侥幸漏网外，徽、钦二帝的近支宗室全部被金人掳掠到北地，终生未能归国。其实，早在绍兴十三年，也就是宋金和议、韦太后归国的第二年，金人就"有归钦宗及诸王、后妃意"（《宋史》），而宋高宗为了保住自己的皇位，为了掩盖生母在金国嫁夫生子的宫廷丑闻，始终没有做出回应，致使"诸王、后妃"惨死异国他乡。这种一味屈膝投降、极端自私自利的做法，必然会引起宋太宗其他裔孙的怨恨，其百年之后必然会遭受攻击和谴责。宋高宗选择盛年禅位，然后作为太上皇帝在幕后继续维护对金妥协投降路线，不仅可以维护自己死后的声誉，还可以阻止宋太宗裔孙登上皇位。

谈到宋高宗盛年主动禅位，还有一个因素往往被人们忽视，即宋高宗的一贯贪生怕死。南宋建立后，面对金人多次寇掠，谈金色变的宋高宗从南京跑到杭州，从陆地跑到海上，特别是完颜亮南侵，差点又让他浮海远遁。一次次的逃生经历，使宋高宗认识到，皇帝虽然显赫，但同时也是金人追击的靶子，一旦遇有危难，以皇帝的身份逃窜很扎眼，也很不方便；如果当了太上皇帝，关注度会大大降低，逃命要容易的多，也安全的多。当年，面对金人咄咄攻势，已经退位的宋徽宗可以从容地"如亳州，百官多潜遁"，宋钦宗也想"出襄、邓"，却被"李纲谏止之"

（《宋史》）。宋高宗主动当太上皇帝，显然是在效仿父亲宋徽宗。事实证明，隆兴元年，也就是宋高宗禅位的第二年，南宋军队被金兵打败，消息传来，宋高宗"日雇夫五百人立殿廷下，人日支一千足，各备担索"（《朱子语类·高宗朝》），已经做好了逃命的架势。如果不是已经禅位，他岂能说跑就跑。所以，便于逃跑也是宋高宗盛年禅位的一个重要原因。

此外，宋高宗主动禅位，也与宋金议和失败和全国抗金形势有关。当年，宋高宗为了促成议和，为了偏安一隅，曾以"莫须有"的罪名杀掉了抗金英雄岳飞，致使亲者痛，仇者快，也造成了日后南宋对金战争的被动局面。此后，金兵对南宋的军事进攻依旧。想到岳飞生前所说的"金人不可信，和好不可恃"（《宋史》），想到岳飞的先见之明，想到金人出尔反尔，贪得无厌，撕毁和约，频繁剽掠，一心坚持投降路线的宋高宗脸上是有些挂不住的。赵眘即位后，同年年底便为岳飞昭雪。这种涉及宋高宗声誉的政治敏感事件，如果不是得到了宋高宗默许，一向以孝著称的赵眘是无论如何也不敢造次的，所以赵眘在诏书中一再强调是"太上皇帝念之不忘"，自己不过是"仰承圣意"而已。应该说，宋高宗在位时早已有心为岳飞平反，但又放不下皇帝说一不二的架子，索性及早禅位，让急需人气、急需威望、急需朝野支持的赵眘当这个好人吧。

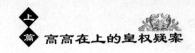

 宋高宗赵构的侥幸诞生史

宋高宗赵构是风流皇帝徽宗赵佶第九子，钦宗赵桓之弟。生于大观元年（1107年）五月，母韦氏。百日刚过，父皇徽宗便赐名构，授节度使，检校太尉，封蜀公；次年二月，又进封为广平郡王；宣和三年（1121年），再封为康王；次年赐字德基，出宫住进自己的王府。靖康之难导致北宋灭亡，他逃至南京应天府（今河南商丘）即帝位（1127年5月），为南宋第一个皇帝，继续延续着赵宋王朝苟且偷生般的统治地位。

据史载资料显示，赵构能够得生，本身就是一件非常侥幸、颇具周折的事情，富有传奇色彩。

赵构的母亲韦氏，本是南方越州会稽人氏。长大成人后跟随姐姐在宰相苏颂家当使女。时有侍女随时给主人陪夜的习俗，而在她陪伴苏颂的第一夜，居然整夜遗尿不止，苏颂认为她有大富大贵之相便放弃了她。宋哲宗时期，已18岁的韦氏以处女之身被选进了端王（即后来的徽宗）府，成为端王宠妃郑王妃（即后来的郑皇后）的一名侍女。

要知道古代后宫有严格的等级制度：即六宫、三夫人、九嫔、二十七世妇、八十一御妻。而韦氏，就一个普通的王府后宫侍女，且本来长得就高大丰壮、肤色发黄，俨然像个大小伙儿似的，说实话难以引起徽宗赵佶的注意，勾起他的性趣。但是，就是这副身材，才造就了十年一次的艳遇，也造就了南宋第一个皇帝。

刚进端王府不久，韦氏就结识了一位同为服侍郑王妃的乔氏宫女，而且不久就成为了要好的朋友。而这位乔氏妹妹呢，生得是身形优美、娇小玲珑、肌肤白嫩，但在粉黛如云的后宫，此时的乔氏妹妹同样也难于获得端王赵佶的关注。一群如花似玉的美人们在宫廷幽闭的环境中，那能耐得住寂寞，不久就和诸多宫女们一样搞起了同志恋。自然，娇小玲珑的乔氏自当妹妹，而高大丰壮的韦氏为一个"假厮儿（假小子）"，并很快达到了如胶似漆的地步。

不久后，即在元符三年（1100年）正月，年仅25岁的哲宗病逝。因哲宗无嗣，在偏执钟爱的向太后坚持下，时年18岁、轻佻放浪的十一皇弟端王赵佶被推上了权力的顶峰，也从此开启了北宋不归之路。此时的徽宗赵佶对郑贵妃（正和元年即公元1111年被正式册立为正宫皇后）宠爱有加，临幸频次有所增加，乔氏妹妹也不忘利用任何的机会向徽宗撒娇献媚，不久好色的徽宗终于发现这位天生丽质的美眉，并在临幸过后持续宠爱，从宜春郡夫人连升美人、婕妤和婉容，自己有了单独的房阁子。

赵佶同志尽管治国无能但艺术天赋极高，不管怎么招也是一位日理万机的皇帝。治国不行，那就把它交给宦官奸臣们折腾吧，自己则专心致志搞绘画书法，整得是千年之后的现代艺术家们个个还自叹不如。当然，花天酒地倒是做皇帝的本行职业，风流成性的赵佶同志在这方面的职业操守绝对到位、一流。纳妃嫖妓，无所不会，情色方面发挥到了淋漓尽致的程度。在广纳美女填充扩大后宫的同时，更是屡屡增加了出宫的时间。因此，尽管受到了皇上的宠爱，但韦氏妹妹依然是饥渴难耐，自然是把"假厮儿"韦氏留在身边做些耳鬓厮磨、消火却痒之事。

为了能够争取到皇上御幸韦氏的机会，韦、乔二人不知算计了多少次。功夫不负有心人！时值崇宁五年（1106年）的八月中秋，过节高兴而喝得酩酊大醉的赵佶同志，又一次来到了乔美人的房阁子，本来想的是乔美人。乔美人认为机会难得，设计成就了韦氏十年的凤愿。她借赵佶同志醉意浓浓之时，乘机叫韦氏蒙混上床，品尝了一生中第一次男女之欢。赵佶同志酒醒后，乔美人又为韦氏请封。徽宗为讨乔美人的喜欢，破例封韦氏为平昌郡夫人。数月后，得知她怀孕，又封才人；次年她生下赵构后，再加封婕好。此后，赵佶同志再也没有碰过韦婕好。你想啊，生完孩子都快30本来就不漂亮的女人，不太可能再勾起嫔妃如云的赵佶之欲望，错一时而不可错一世啊！

一次将错就错的欢爱，不经意间造就南宋王朝的第一位皇帝。靖康之难后，包括赵佶与赵桓同志、赵构生母和他的三位夫人等诸多后宫人士在内的宋太宗名下3000余名男女都被押解到了金国北漠荒无人烟之地劳动改造去了，唯一漏网的就是在外勤王的康王赵构，并在几乎没什么竞争的情况下毫无悬念地接过了帝皇位。而他的生母韦婕好被押解至上京（今内蒙古巴林左旗）洗衣院（即变相的妓院）充作奴婢，和其他女性同胞一样无法逃脱被糟蹋凌辱的命运，此时她老人家已48岁高龄。绍兴十二年（1142年），已被遥尊皇太后的韦氏被宋高宗高价赎回，同时一起回到临安的还有徽宗的梓宫，时年韦太后已过花甲；绍兴二十九年（1159年）九月，韦太后去世，享年80岁。

说实话，赵构的一生，被后人称赞的并不多。或许因为他父亲酒后乱性而生下的他，凡事大多糊涂，一生中惹了不少事，包括杀害了一代忠臣、抗金名将岳飞。唯一让后人传颂的是效法太祖在自己有生之年把赵宋皇位还给了太祖后人，试图洗却人们对"斧光烛影"传闻百余年的猜忌。

宋高宗赵构的选储绝招

　　宋高宗赵构是南宋第一个皇帝。靖康二年（1127年），金兵占领东京汴梁，俘获徽、钦二宗并3000余皇室成员北去，北宋灭亡；时年五月一日，侥幸逃脱的康王赵构于南京应天府（今河南商丘）即位，改元建炎，建立了南宋政权。金人得知赵构重建赵氏政权，马上开始了新一轮的南侵，目的是要趁赵构立足未稳，将其一举消灭。高宗建炎元年（1127）秋，金朝分兵攻宋。高宗内心惟恐重蹈靖康之变的覆辙，不顾主战派大臣和将领们的反对，于十月将朝廷迁至扬州。建炎三年二月，宗翰派兵奔袭扬州，攻陷天长，前锋距离扬州城仅有数十里。高宗此时正在后宫寻欢作乐，乍闻战报，慌忙带领少数随从乘马出城，急驰至瓜洲渡江逃跑。这次突如其来的惊吓也给赵构留下了严重的后遗症，他从此失去了生育能力。

　　据说，赵构有一次在黄河北岸被金兵追逼，只剩下了他单身匹马，后有忠臣之子李马舍生忘死地背着他逃至河边，又驾船过河，才幸免于难。事后，赵构为了标榜自己是真命天子，有天神相助，捏造出了"泥马渡康王"的故事。他担心李马会揭穿真相，便将李马药哑，不久杀死了李马。

　　宋高宗拒绝主战派抗金主张，南逃至临安（今浙江杭州）确定为宋朝陪都（仍遥尊已被金侵占的东京汴梁为都城），开始偏安割据一方，基本与金国划江而治。统治期间，虽迫于形势以岳飞、韩世忠等大将抗金，但重用投降派秦桧。后以割地、纳贡、称臣等屈辱条件向金人乞降求和，收韩世忠等三大将兵权，杀害岳飞。绍兴三十二年（1162 年）传位于孝宗，自称太上皇。公元 1187 年去世，享年 81 岁，为历朝为数不多的高寿皇帝。赵构政治上昏庸无能，然精于书法，著有《翰墨志》。明代陶宗仪《书史会要》称："高宗善真、行、草书，天纵其能，无不造妙。"宋高宗在立储的时候，倒是有点创意，颇有些搞笑，下面做一介绍。

赵构虽然嫔妃如云，但亲生儿子只有元懿太子一人。偏偏这位太子还短命，年仅 3 岁就夭折了。据说，太子在睡觉的时候有宫女碰倒火盆，愣被吓死了。而在金兵南侵过程中，赵构不幸受惊吓而不复生育能力。这样他就只能从宗室择近挑选。可是，靖康之难，北宋灭亡，太宗这一支 3000 余人都被金兵带到漠北劳动去了，基本就剩他一个了！赵构 40 岁左右时就开始为立储之事发愁了，不想梦到太祖托梦与他，告诉他"斧光烛影"的故事，赵构心中不安，决定效仿太祖再把皇位传给太祖的后人，这一想法既出，立即得到了太后、皇后与大臣们的认同，都说应该还位给太祖一脉。

但到底立谁呢？自太宗以"兄终弟及"方式获取皇位，直至高宗赵构，均出自太宗一脉。太祖在"斧光烛影"中不明不白死去，其儿子德芳、德昭也随后无故早死，给后人留下了千古之谜；但好坏留下了一脉之后，且在靖康之难中幸免南逃至临安落根，细数太祖后裔也达到了 1600 余人。按赵构儿辈"伯"字辈中由大臣们几经周折，挑选了两个六、七岁的孩子，即伯琮和伯玖这哥俩，分别赐名瑗和琢，一并送到宫里先培养起来，接受考查，也来个竞争上岗。绍兴 12 年（1142 年）分封为普安郡王和恩平郡王。

十多年过去了，赵构自然不可能再有半儿一女，而太后也终于崩逝

慈宁宫，在这俩兄弟里选择一个正式的接班更显得是当务之急。赵瑗（伯琮）性情恭俭，勤敏，好读书，赵构比较倾向选他做接班人，但是不受秦桧的喜欢。但另一个候选人赵琢（伯玖）在太后、皇后那儿挺有人缘，秦桧也极力推荐伯玖。高宗赵构没有轻易相信皇后和秦桧，也没有自个儿做主。为了检验二人品质优劣，想出了一个令后人瞠目结舌却又非常有效的办法，而又顾及皇后和群臣意见，实则两全其美。

他选了 20 名美貌宫女，平分给兄弟俩。赵琢得了 10 名美女，左抱右拥，其乐陶陶。赵瑗得了十名美女，但听从了史浩的意见，只是安排她们做点事，毫无相亲之意。几天后，高宗将宫女召回，经过检验发现，在瑗邸内十人，均尚完璧；在琢邸内十人，尽已破瓜。赵构与皇后说明情况，皇后倒也挺明理，完全同意他的看法。绍兴三十年（1160 年），高宗赵构下诏立赵瑗（伯琮）为皇子，更名为玮，封为建王。赵琢吗，也没亏待他，加封开府仪同三司，判大宗正司，改称皇侄，仍将宫女一律给还，供其赏玩。

绍兴三十一年（公元 1161 年），金废帝完颜亮撕毁和议，再次大举南侵。在采石矶（今安徽省马鞍山市西南）为虞允文统帅的宋军所击败，使南宋再次转危为安。不过高宗屈辱求苟安的国策遭到了军民的强烈反对。而使他的统治难以继续维持，高宗倍感身倦神疲，屡与宰相陈康伯等商议，以年老厌烦政务和想以"淡泊为心，颐神养志"为借口，久有禅位于皇子之意，御笔赐伯琮字元永。绍兴三十二年五月，高宗下诏正式册立其为太子，改其名为昚；六月宣布退位，禅位于太子赵昚，自称太上皇，退居德寿宫。

孝宗是宋太祖的七世孙，太祖之子秦王（即八贤王）德芳的后人，他以仁孝博得高宗的认可。孝宗登基后，定年号"隆兴"，励精图治，立志光复中原，大有复兴南宋之志。遂即恢复名将岳飞谥号"武穆"，追封

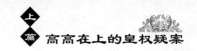

岳飞为鄂国公，剥夺秦桧的官爵。面对金国咄咄逼人的态势，孝宗主动出击，进行"隆兴北伐"，南宋朝野顿时为之一振，全国上下群情激昂。这些情绪可以从南宋著名词人辛弃疾的词中辛弃疾的词中反映出来：

醉里挑灯看剑，梦回吹角连营。

八百里分麾下炙，五十弦翻塞外声。

沙场秋点兵。

马做的卢飞快，弓如霹雳弦惊。

了却君王天下事，赢得生前身后名。

可怜白发生！

由于北伐损失惨重而失败，宋孝宗被迫于隆兴二年（1164年）和金国签订"隆兴和议"。次年改元"乾道"，并又任用王淮理财备战。乾道年间，由于没有战事的干扰，宋孝宗专心理政，百姓富裕，五谷丰登，太平安乐，一改高宗朝时贪污腐朽的局面。由于宋孝宗治国有方，以身作则崇尚节俭，所以使南宋出现"乾淳之治"的小康局面。

淳熙十六年（1189年），63岁的孝宗自觉心神交瘁，体力不支，不顾大臣劝阻，在紫宸殿禅位于三子赵惇（即宋光宗）。光宗即位后，尊孝宗为寿皇。绍熙五年（1194年）六月九日，寿皇病逝，享年68岁。

孝宗不愧是太祖的后人，一反高宗时卑躬屈膝的投降路线，一心想恢复中原，他的这种积极进取，蓬勃向上的精神是值得称道的。特别是孝宗当了27年皇帝，前25年高宗一直健康的活着，一直影响着他。孝宗为人勤政、节俭，高宗称赞他"勤俭过于古帝王"，真是"俭以养德"的帝皇典范。孝宗朝是南宋国力最强的时候，可惜孝宗碰上了"小尧舜"金世宗这样的明君，能够获得宋、金此时的绝对均势而保持平衡，实属

不易！

宋高宗一生糊涂，做了无数蠢事，唯独在选储这件事上聪明了一回。纵观整个南宋，孝宗几乎是唯一一位英明的皇帝。

泥马渡康王之谜

"泥马渡康王"的传说因为一部《说岳全传》而广为人知，说的是宋高宗赵构得神灵呵护，土地神的坐骑化为骏马渡康王渡江逃生，从而开创江南半壁江山的故事。这个传说明显有为神化南宋政权，制造赵构自立为帝的合法性的作用。

那么"泥马渡康王"的故事的源头是什么呢？史料载，南宋嘉定四年程卓使金，撰《使金录》记载道里行程，在十二月十四日"至磁州"条中写道："高宗为王尚书云迫以使虏,磁人击毙王云。高宗欲退，无马可乘，神人扶马载之南渡河。"这是最早的"泥马渡康王"的记载，没有说渡的是那条河。

南宋人假托太学生陈东之名所作《靖炎两朝见闻录》下卷（成书于宋元之际的《大宋宣和遗事》贞集叙此事文字，几乎与下引一节完全相同）中说：

康王遂从宗泽之请，不果使北，将为潜归之计。且闻去年斡离不自遣康王归国后，心甚悔之，既闻康王再使，遣数骑倍道催行。康王单骑躲避，行路困乏，因憩于崔府君庙，不觉困倦，依阶脚假寐。少时，忽有人

喝云："速起上马，追兵将至矣！"康王曰："无马，奈何？"其人曰："已备马矣，幸大王疾速加鞭！"康王豁然环顾，果有匹马立于旁。将身一跳上马，一昼夜行七百里。但见马僵立不进，下视之，则崔府君泥马也。

上引段落，对于崔府君以泥马助佑康王之事记述最详，但只字未及"南渡"。此记述在时间和地理位置上，有很多矛盾。赵构告别宗泽，自磁州出发，途中又憩于（磁州）崔府君庙；乘泥马奔驰七百里后，再步行一日，又回到磁州。全部行程竟只是在原地兜圈子。不能细推敲。

到了《说岳全传》，第二十回金营神鸟引真主夹江泥马渡康王就成了下面的样子了。

兀术望北遥祭，叩拜已毕，一众人回到营中，席地而坐，把酒筵摆齐了吃酒。九殿下也就坐在下面。众王子心上好生不悦，暗道："子侄们甚多，偏要这个小南蛮为子做什么？"那里晓得这九殿下坐在下边，不觉低头流下泪来，暗想："外国蛮人，尚有祖先。独我二帝蒙尘，宗庙毁伤，皇天不佑，岂不伤心？"兀术正在欢呼畅饮，看见康王含泪不饮，便问："王儿为何不饮？"崔孝听见，连忙跪下奏道："殿下因适才受了惊恐，此时心中疼痛，身上不安，故饮不下喉。"兀术道："既如此，你可扶殿下到后营将养罢！"崔孝领命，扶了康王回到本帐。康王进了帐中，悲哭起来。崔孝选进后边帐房，吩咐小番："殿下身子不快，你们不要进来，都在外面伺候。"小番答应一声，乐得往帐房外面好顽要。这崔季来到里边，遂叫："殿下，二帝有旨，快些跪接。"康王听了，连忙跪下。崔季遂在夹衣内拆出二帝血诏，奉上康王。康王接在手中，细细一看，越增悲戚。忽有小番来报："狼主来了。"康王慌忙将血诏藏在贴身，出营来接。兀术进帐坐下问道："王儿好了吗？"殿下忙谢道："父王，臣儿略觉好些了，多蒙父王挂念。"

康王正在危急，只见树林中走出一个老汉，方巾道服，一手牵着一

匹马，一手一条马鞭；叫声："主公快上马！"康王也不答应，接鞭跳上了马飞跑。兀术在后见了，大怒，拍马追来，骂道："老南蛮！我转来杀你。"那康王一马跑到夹江，举目一望，但见一带长江，茫茫大水。在后兀术又追来，急得上天无路，入地无门，大叫一声："天丧我也！"这一声叫喊，忽然那马两蹄一举，背着康王向江中哄的一声响，跳入江中。兀术看见，大叫一声："不好了！"赶到江边一望，不见了康王，便呜呜咽咽哭回来。到林中寻那老人，并无踪迹。再走几步，但见崔孝已自刎在路旁。兀术大哭回营。众王子俱来问道："追赶殿下如何了？"兀术含泪将康王追入江心之事说了一遍。众王子道："可惜，可惜！这是他没福，王兄且勿悲伤。"各各相劝，慢表。

康王的马跳入江中，原是浮在水面上的，兀术为何看他不见？因有神圣护住，遮了兀术的眼，故此不能看见。康王骑在马上，好比雾里一般，那里敢开眼睛，耳朵内但听得呼呼水响。不一个时辰，那马早已过了夹江，跳上岸来。又行了一程，到一茂林之处，那马将康王耸下地来，望林中跑进去了。康王道："马啊！你有心，再驮我几步便好，怎么抛我在这里就去了？"

康王一面想，一面抬起头来，见日色坠下，天色已晚，只得慢慢的步入林中。原来有一座古庙在此。抬头一看，那庙门上有个旧匾额，虽然剥落，上面的字仍看得出，却是五个金字，写着"崔府君神庙"。康王走入庙门，门内站着一匹泥马，颜色却与骑来的一样。又见那马湿淋淋的，浑身是水，暗自想道："难道渡我过江的，就是此马不成？"想了又想，忽然失声道："那马乃是泥的，若沾了水，怎么不坏？"言未毕，只听得一声响，那马即化了。康王走上殿，向神举手言道："我赵构深荷神力保佑！若果然复得宋室江山，那时与你重修庙宇、再塑金身也。"说了，就走下来，将庙门关上，旁边寻块石头顶住了。然后走进来，向神

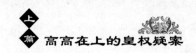

厨里睡了。此回叫做"泥马渡康王的故事"。正是天枢拱北辰，地轴趋南曜。神灵随默佑，泥马渡江潮。

这段故事的要点是两个，一是康王是得到徽宗血诏南渡的完全合法，二是得神灵呵护，上合天意。这就是封建帝王的惯技了。

宋高宗是个精于权术的帝王，他继位前半段都在逃难中度过，但是他始终在主战派和主和派中平衡。他利用主战派争得与金国叫板的地位，又利用主和派保持与金国讨价还价的渠道。尽管他在难逃后得到了逃出金营的曹勋带来的徽宗血诏，获得了合法地位，但是他是不会希望徽钦二帝归国的，这就是他不可能全力抗金的根本原因。所以当他站稳脚跟，也就是"绍兴和议"后，他清除主战派势力，重用秦桧等主和派也是必然的。所以杀岳飞的是宋高宗，秦桧只是马前卒。说高宗昏庸是不公允的，说高宗阴狠隐忍才是公平的。

宋徽宗赵佶：靖康之耻的傀儡政权之谜

靖康之变导致宋室南迁、北宋灭亡，深沉刺痛汉人的内心。南宋大将岳飞在《满江红》中提到："靖康耻，犹未雪，臣子恨，何时灭"。而由靖康之变所造成的傀儡政权也就成为了一个未解之谜。

靖康之难中唯一幸免的传奇皇后

靖康二年（1127）春，金人的铁骑踏破汴京，北宋灭亡。四月，中原汉人历史上最屈辱的一幕发生，"金人以帝（宋徽宗、宋钦宗）及皇后、皇太子北归。凡法驾、卤簿，皇后以下车辂、卤簿，冠服、礼器、法物，大乐、教坊乐器，祭器、八宝、九鼎、圭璧，浑天仪、铜人、刻漏，古器、景灵宫供器，太清楼秘阁三馆书、天下州府图及官吏、内人、

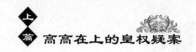
内侍、技艺、工匠、娼优，府库畜积，为之一空"（《宋史》）。可以说，北宋所有值钱的人和物，几乎被金人一网打尽。在这场被后人称作"靖康之难"的文化浩劫和资源掠夺中，仅有两位皇室成员得以幸免，一个是宋徽宗第九子康王赵构，一个是宋哲宗第一任皇后孟氏。

孟氏（1073~1131），洺州（今河北永年）人，出身世家，眉州防御使马军都虞侯孟元的孙女，被选入宫后，高太后和向太后"皆爱之，教以女仪"。元祐七年（1092），孟氏因"能执妇礼"，被册立为皇后。宋哲宗从小就是个色鬼，看到孟氏姿色平平，且比自己大三岁，心里非常不满。高太后看出其中端倪，便对宋哲宗说："得贤内助，非细事也"，能娶到这么好的贤内助，不容易啊，要好好珍惜，教导宋哲宗以国家社稷为重。想到宋哲宗一贯的脾气秉性，高太后还是对孟氏放心不下，忍不住哀叹"斯人贤淑，惜福薄耳！异日国有事变，必此人当之"，意思是说，皇后虽然贤淑，可惜没有福气啊，将来国家一旦发生大的变故，她恐怕要担当其祸了。正如高太后所预料，孟氏的命运接下来一波三折，相当坎坷。

因为不喜欢孟氏，宋哲宗除了偶尔应付一下皇后，把主要精力用在了御侍刘氏身上。刘氏比宋哲宗小 3 岁，年轻貌美，能诗善文，"艳冠后庭，且多才艺"，比孟氏更具女人魅力。同时，刘氏还是一个恃宠成娇，泼性十足的女人，整天想着将孟氏整倒，自己好取而代之。孟氏生有一女，即福庆公主。绍圣三年（1096）九月，福庆公主染病，百医无效，孟氏的姐姐便"持道家治病符水入治"。由于"符水"之事一向为宫中禁忌，孟氏大惊失色，连忙命人将"符水"藏了起来。宋哲宗来看望女儿时，孟氏主动坦白，说明原委，并当着宋哲宗的面将符子烧掉。宋哲宗认为此乃"人之常情"，并没有怪罪孟氏。不久，福庆公主夭折，丧女之痛让孟氏哀伤不已。然而，孟氏还没有从悲痛中挣脱出来，一场横

祸便从天而降。

女人的妒忌之心最可怕，一旦发作，什么事情都可能干得出来，何况是对皇后宝座觊觎已久的刘氏了。果然，刘氏却抓住这个把柄，先是四处造谣，指责孟氏偷偷搞"厌魅之端"；接着又将孟氏的"养母听宣夫人燕氏、尼法端与供奉官王坚为后祷祠"一事，添油加醋地报告了宋哲宗，诬陷孟氏居心险恶，用道符做佛事，意在诅咒皇帝。宋哲宗本来就不喜欢孟氏，一听孟氏居心叵测，不禁大怒，立即派专人调查此事。刘氏趁机指使专案组"捕逮宦者、宫妾几三十人，榜掠备至，肢体毁折，至有断舌者"，在严刑逼供和恶言威胁下，造成了冤案。当时，北宋正处于新旧党争之际，孟氏是支持旧党的高太后和向太后所立，高太后去世后，宋哲宗亲政，极力排斥旧党，打击高太后党羽。这也是孟氏轻松遭馅的一个重要原因。

宋哲宗下令将孟氏废黜，"出居瑶华宫，号华阳教主、玉清妙静仙师，法名冲真"，一代皇后因为宋哲宗的政治私心和刘氏的苦苦相逼，成为一名带发修行的尼姑。瑶华宫的名字带着几分华丽，不过是坐落在汴京街坊内只有几间破屋子的小院落。地位和待遇一落千丈，且日常生活受到严密监视，孟氏的处境可想而知。元符三年（1100），宋哲宗病逝，宋徽宗即位，旧党在向太后的支持下重新抬头，孟氏被接回皇宫，恢复皇后名号。因刘氏已被封为元符皇后，为了加以区别，孟氏被称作元祐皇后。不料，次年向太后病逝，继而又发生了元祐党人事件，宋徽宗任用新党，贬谪旧党，失去了向太后这座靠山的孟氏再受牵连。崇宁元年（1102）十月，孟氏二度被废，重回瑶华宫，名号改为"希微元通知和妙静仙师"。

之后的二十五年，孟氏一直在瑶华宫过着清苦的日子，虽然惨淡，倒也平静。然而，靖康元年（1126）的一场大火，却将瑶华宫化为灰烬，孟氏只好迁居延宁宫。不久，延宁宫又发生火灾，孟氏不得不搬到位于大相国寺附近的弟弟家中居住。靖康二年（1127），宋钦宗闻悉孟氏的遭遇，便和近臣商量，想再次把孟氏接回皇宫，重新尊为元祐皇后。然而，诏令还没有发出去，金兵就攻陷了汴京。金兵在金太宗的授意下，决定对大宋采取最恶毒的手段，即将整个大宋皇室全部掳往金国，企图彻底灭亡大宋。为此，金兵在汉奸的指认下，将京城内外所有皇室成员统统抓捕。孟氏被废为庶人，甚至被人们遗忘多年，因此幸运地逃过此劫，不仅避免了被金人俘虏北去、客死他乡的灾难，而且在以后的岁月里享受了至高无上的荣耀。塞翁失马，焉知非福，孟氏在"靖康之难"中得以幸免，就是很好的诠释。

金人撤回北方后，张邦昌建立伪楚政权。由于人心思宋，且孟氏在内，赵构拥兵在外，宋王朝的大旗并未完全倒下。为了给自己留条后路，张邦昌一面将孟氏接入皇宫，尊为宋太后，"政事当取后旨"，一面派人将传国玉玺送到赵构手中。不久，张邦昌又尊孟氏为元祐皇后，让她垂帘听政。五月一日，赵构在应天府（今河南商丘）称帝，建立南宋，孟氏于当天撤帘还政，赵构尊她为元祐太后，后又改为隆祐太后。建炎三年（1129）三月，在杭州刚站稳脚跟的赵构遭遇了一次兵变，被迫退位。乱军头目要求赵构"禅位元子（赵构之子赵旉），太后垂帘听政"。孟氏不谙政治，不知所措，但迫于形势，只能硬着头皮对叛军曲意抚慰。不久，在韩世忠等人的支援下，叛军溃败，孟氏久悬的心这才放了下来。

赵构重登皇位后，孟氏再次撤帘，赵构尊孟氏为皇太后。不久，金兵大举南侵，赵构逃往东南滨海，孟氏逃往西南洪州（今南昌）。孟氏好不容易熬过惊心动魄的兵变，又踏上了颠簸流离的路程。金人退兵后，赵构想念孟氏，派人四处探访，最后将她接到越州（今绍兴）。从此，孟氏算是安定下来。从靖康之难到赵构即位，孟皇后的存在，在一定程度

上减少了从北宋到南宋过渡时期的政治动荡。没有孟氏，赵构不可能当上皇帝；没有孟氏，赵构也不容易再度掌权。鉴于孟氏在国家两度危难之时起到的不可替代的作用，赵构对孟氏非常孝顺，"虽帷帐皆亲视；或得时果，必先献太后，然后敢尝"。长期沦为庶人的遭遇，使孟氏养成了生活节俭的习惯，以她当时的地位，完全可以随意支取钱帛，但她每月只肯领很少的生活费，能够度日即可。孟氏喜欢喝越酒，赵构认为越酒酸苦不好喝，可以让外地进贡好酒，而孟氏却自己派人拿钱去买，孟氏的品行大抵如此。

绍兴元年（1131）春，孟氏患风疾，赵构悉心伺候不离左右，接连数日衣不解带，"帝旦暮不离左右，衣弗解带者连夕"。四月，孟氏病死，享年59岁，她的灵牌不仅放在宋哲宗祀室，还位列刘皇后之上，"附神主于哲宗室，位在昭怀皇后上"。后来，赵构将孟氏改谥昭慈圣献皇后。二度被废，又二度复位，并二次于国势危急之下被迫垂帘听政，孟氏经历之离奇，之曲折，之大起大落，之悲喜交织，在中国后妃史上实属罕见。往事越千年，每当读到这段沉重历史，笔者都要对这位曾历经离奇曲折沉浮、遭遇人生大起大落，并在南宋建国之初扮演举足轻重角色的传奇女子感慨一番。祸，福之所倚；失，得之所在。道学哲学中的这个辩证法真谛，如果用来形容孟氏命运多舛而又因祸得福的传奇一生，那是再恰当不过了。

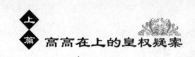
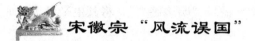

宋徽宗 "风流误国"

才艺双绝的少年时代宋徽宗赵佶生于公元 1082 年，即北宋元丰五年阴历十月十日。据说他降生之前，他的父亲宋神宗曾经来到秘书省，观看过收藏在那里的南唐后主李煜的画像，并对这位亡国之君的儒雅风度极为心仪，随后赵佶就降生了。并且，史书很认真地记载说，在他出生时，他的父亲宋神宗梦见李煜前来谒见。这种李煜托生的传说固然不足为信，但在赵佶身上，的确有李煜的影子。赵佶自幼爱好笔墨、丹青，对奇花异石、飞禽走兽有着浓厚的兴趣，尤其在书法绘画方面，更是表现出非凡的天赋。

他确实是中国历代帝王中，艺术天分最高的皇帝。如果没有坐上皇帝宝座的话，他可能会成为中国历史上一个相当伟大的艺术家。至少在中国书法史和美术史上，他都会享有无可争辩的崇高地位。那说不定就是又一个伟大的文学家、艺术家了。

处于众星拱月般地位的他，更是无心于政务，继续过着糜烂的生活。正宫王皇后相貌平平，生性俭约，不会取悦徽宗，并不得宠。此时，徽宗宠幸的是郑、王二贵妃，二人本是向太后宫中的押班（内侍官名），生得眉清目秀，又善言辞。据记载，郑氏"自入宫，好观书，章奏能自制，帝爱其才"。显而易见，郑氏不仅姿色出众，而且还能帮助徽宗处理奏章。赵佶多次赐给郑氏情词艳曲，后来传出宫禁，广为流传。王皇后去

世后，徽宗于政和元年（1111年）册封郑氏为皇后。除了郑、王二氏之外，受宠爱的还有刘贵妃。刘贵妃出身寒微，却花容月貌，入宫即得到赵佶宠幸，由才人连升七级而至贵妃。然而，好景不长，刘贵妃不久即去世。徽宗悲痛不已，特加四字谥号"明达懿文"，将其生平事迹编成诗文，令乐府谱曲奏唱。

正当徽宗为贵妃的去世伤感不已时，内侍杨戬在徽宗面前夸耀另一刘氏有倾国倾城之貌，不亚于王昭君，徽宗将其召入宫中。刘氏本是酒家之女，出身卑贱，但长得光艳风流。徽宗一见，魂不守舍，瞬间便将丧妃之痛遗忘殆尽。徽宗对刘氏大加宠爱，与她形影不离，若离了她，竟是食不甘味，夜不能寐。刘氏天资颖悟，善于逢迎徽宗，还极善涂饰，每制一衣，款式新颖，装扮起来胜似天仙。不但徽宗喜欢，就连京城内外也竞相仿效。在徽宗看来，刘氏回眸一笑，六宫粉黛尽无颜色。道士林灵素见刘氏如此得宠，便曲意奉承，称刘氏为"九华玉真安妃"，绘其像供奉于神霄帝君之左。

李师师4岁那年，她父亲以罪入狱，病死狱中，从此由邻居抚养，渐渐长得眉目如画，通体雪艳，又善解人意，经营妓院的李姥将她收养，并延师教读，又训练歌舞，13岁那年就以青倌人的姿态，挂牌应客。本为歌妓的她最擅长的是小唱，等到宋徽宗时期，她的小唱在车如流水马如龙的繁华东京已经独占鳌头，不久名满汴京。朝廷命官、文人雅士、王孙公子之流、三山五岳之辈，以一登其门为荣耀，渐渐地她的名声不仅在东京的街头巷陌传扬，也穿越高墙红瓦飘到了宋徽宗的耳朵里。

这天宋徽宗和一帮妃子在御花园游乐，一时不觉沉闷，整天的呆在这里和同样的一群人再好玩也都腻了。陪侍在一旁的高俅和杨戬，看见主子闷闷不乐，不禁着急，这个高俅就像赵佶肚子里的蛔虫一样，立马猜到了主子的心思，进言道："陛下为什么闷闷不乐啊？想陛下贵为天子，如今天下承平，正是行享乐之时，不要辜负了这美好的时光啊，况且人生如白驹过隙，若不自寻欢乐，等老了岂不徒增伤悲？"

一句话说到了心坎里，然而久困宫闱之中，毕竟没有什么兴致，要是能够出宫游乐，赏美景佳人，品美酒佳肴那该多么美妙啊。这时杨戬像是摸准了宋徽宗的心思似的，随即进言说："陛下，如今东京城里景致宜人，商贾云集，热闹非凡，不如我等小人陪皇上微服私行。一来可以欣赏京都美景，聊以解乏；二来还能了解民间疾苦，体恤民情。"宋徽宗一听，正合心意，还能找个不错的借口。于是一行人换装从皇宫偏门来到了大街上，一路上到处舞榭歌台，酒肆花楼，看得宋徽宗好不兴奋，真是目不暇接。

天色渐渐暗了下来，宋徽宗的兴致也渐渐地淡了下来，高俅和杨戬两人一会意，互递了个眼色，就将皇帝带到了一处场所。只见家家户户，帘儿底下笑语欢声，门儿里箫管琴笛声声，这里就是京城里有名的烟柳巷。原来高俅早就知道宋徽宗一直惦记着名妓李师师，今天特地把他引来。

当时李师师已经名声很高了，寻常人是难得一见的，这老鸨一看他们平常装束，却点名要见李师师，一时不免脸上有些作难。等定睛一看，这来人中下人打扮的竟然是权倾朝野的高太尉，马上识趣的笑脸将他们迎到李师师的房里，又朝李师师做了个眼色。这李师师何等聪明，虽然互不称名，却也立即明白了，马上轻歌曼舞舒广袖，婀娜多姿展腰身，直把个宋徽宗的魂都给勾到九霄之外了。春宵苦短，不知不觉已天色微明，宋徽宗虽然恋恋不舍，也只得忍着。自此徽宗与李师师恩爱非凡。

回宫以后宋徽宗只觉得那些后妃没有一个比得上李师师的，因此茶里饭里，坐处卧处都惦念着李师师。

自从接待了宋徽宗，李师师的院子大兴土木，那紫云青寓已变成一

座美奂美仑的华楼，楼成之日，宋徽宗亲题"醉杏楼"三字为楼额。那瘦金体字，古今一家，格外醒目，又用他独特的工笔画技，画一幅"百骏朝阳图"挂在李师师接客的客厅中。当时宋徽宗三天两头地呆在李师师家，朝野都已知道，相传周邦彦还曾为此作了一阕《少年游》：并刀如水，吴盐胜雪，纤指破新橙。锦帏初温，兽香不断，相对坐调笙。低声问：向谁行宿？城上已三更，马滑霜浓，不如休去，直是少人行。

虽然这件事引起了一批正直大臣的反对，力劝宋徽宗以国体为重，但宋徽宗在蔡京、高俅、王黼一班人支持下，又那里听得进去，况且心思早已被李师师所牵绕。

靖康之难，徽、钦二宗先后做了俘虏。宋室南渡后，李师师辗转流落在湖广一带，艰难无以自存，不得已重操旧业，受尽折磨后的李师师已心绪萧索，容颜憔悴，仅卖唱度日。南渡士大夫慕其盛名，常邀她参加酒会，席上她唱得最多的一首歌是：辇毂繁华事可伤，师师垂老遇湖湘；缕衫檀板无颜色，一曲当年动帝王。误国误名只为风流享乐赵佶即位后不久，即重用蔡京等"六贼"。大约与他的艺术气质相关，宋徽宗酷爱奇石，而这种奇怪的爱好和宰相蔡京的逢迎结合后，却生出了一个极其可怕的怪胎。这就是在中国历史上赫赫有名的，在北宋帝国的败亡中起到重要作用的"花石纲"。

崇宁四年，即公元 1105 年，是蔡京当上宰相的第三年。朝廷在苏州增设应奉局，由蔡京的心腹朱勔主持，专门在江浙一带为皇帝搜罗珍奇物品与奇花异石。起初，这种花石贡品的品种并不多，数量也有限，征集区域只是在东南地区。后来，皇帝对这些贡品大为赞赏，进贡者纷纷加官晋爵，恩宠有加。于是，化为一道无声的号令，发展为全国规模的"花石纲"大劫难，并迅速演变成举国之骚动。

政和年间，安徽灵璧县进贡一块巨石，高、阔均二丈有余，用大船

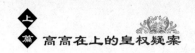

运送到京师汴梁，拆毁了城门才算进得城中。宋徽宗大喜，亲笔御书曰："卿云万态奇峰"，并加金带一条悬挂其上。

随后，太湖鼋山又采得一石，长四丈有余，宽二丈，玲珑剔透，孔窍天成。又有一树，相传是唐代白居易手栽，故名白公桧。连石带树，特造大船两艘，动用千名船夫，花费万贯才送到京师。

蔡京似乎从当上宰相那天起，就一刻不停地怂恿皇帝大兴土木，君臣二人高度默契，高度协调。从崇宁元年起，修完景灵宫以后修元符殿，铸完九鼎之后再建九成宫。在政和三年又开始修建延福宫的七宫三十二阁，叠石为山，凿池为海，建了一座令皇帝相当满意的、不类尘境的宫殿群。延福宫位于大内拱宸门外，东抵景龙门，西达天波门，不仅规模浩大，而且风格独具，宫中分布着鹤庄、鹿砦、孔翠诸栅，豢养着无数的珍禽异兽，花木巧石更是不可胜数，其中更是点缀着村居野店，酒肆杂陈，恍若人间仙境。

紧邻延福宫的是寿山艮岳。艮岳，又叫万岁山，是一座人工堆砌的巨大的假山园林。

艮岳最高峰九十步，山分东西两岭，其间亭台楼阁无数，奇花异石无数，珍禽异兽无数，还有万名妙龄美女出没其中。艮岳山峰北部为景龙江，引江水流注山林之间，水声潺潺，如歌如诉。其中，一花一竹一木一石价值千贯甚或万贯者，不计其数。山上石洞里，装满了雄黄与卢甘石，雄黄的作用是辟蛇蝎毒虫，卢甘石则据说可以产生云雾。为了产生更好的云雾缭绕的效果，宋徽宗还命人在油绢囊中注满水，放置于山峦峭壁之上，如此形成高山云雾的效果，名之曰"贡云"。宋徽宗就在这云蒸霞蔚之间，流连漫步，寻找着神仙般的浪漫与艺术家的灵感。当初，之所以要在这里建这座艮岳，是因为道士告诉皇帝：这里的方位正处在八卦的艮位之上，垫高后，皇家子嗣就会人丁兴旺；如若修建成为林木

葱茏的假山，则国运必将亨通昌盛。

然而世间的事情总没有预料的那么美好，蔡京和童贯等人极力宣扬的"宣和盛世"，不久便在帝国的内忧外患中变成了风雨飘摇的谎言。

宣和七年（1125年），金军大举南侵，金军统帅宗望统领的东路军在北宋叛将郭药师引导下，直取汴京。十二月，宋徽宗宣布退位，让位于儿子赵桓（钦宗），自称"太上皇"，带着蔡京、童贯等贼臣，仓皇逃往安徽亳州蒙城（今安徽省蒙城）。靖康元年（1126年），围攻汴京的金兵被李纲击退北返，赵佶才回到汴京。年底，金兵再次南下攻破汴京，次年春，金帝将徽、钦二帝，连同后妃、宗室，百官数千人，以及教坊乐工、技艺工匠、法驾、仪仗、冠服、礼器、天文仪器、珍宝玩物、皇家藏书、天下州府地图等押送北方，京都被掳掠一空，北宋灭亡。因此事发生在靖康年间，史称"靖康之变"。

赵佶在被押送的途中，受尽了凌辱。先是爱妃王婉容等被金将强行索去，接着，到金国都城后，被命令与赵桓一起穿着丧服，去谒见金太祖阿骨打的庙宇，意为金帝向祖先献俘。尔后，赵佶被金帝辱封为昏德侯，关押于韩州（今辽宁省昌图县），后又被迁到五国城（今黑龙江省依兰县）囚禁。

赵佶被囚禁了9年后，终因不堪精神折磨而死于五国城，金熙宗将他葬于河南广宁（今河南省洛阳市附近）。公元1142年，宋金根据协议，将赵佶遗骸运回临安（今浙江省杭州市），由宋高宗葬之于永祐陵，立庙号为徽宗。

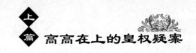

 靖康之耻宋徽宗被俘后的生活

宋徽宗是宋钦宗之父，钦宗子承父业后仅仅一年有余，即和宋徽宗一起被金兵俘虏，两人均在大金渡过残余岁月。公元 1125 年，金军分东、西两路南下攻宋。东路由完颜宗望领军攻燕京。西路由完颜宗翰领军直扑太原。东路金兵破燕京，渡过黄河，南下汴京（今河南开封）。

金兵直逼汴京（今开封市）时，北宋徽宗赵佶又气又急，身子一日不如一日，于是把皇位传给太子。继位的太子就是宋钦宗，宋钦宗和宋徽宗一样，也是苟且偷安、不思自强之辈，结果断送了大宋江山，自己也做了俘虏。被俘的还有徽宗和他的哥哥、弟弟及他的 32 个儿子、22 个女儿，除九子赵构在外勤王、幼女仅一岁外，都做了俘虏，连同宫廷后妃、宗室贵戚、大臣约 3000 人被金人掳到北方。

钦宗到达金营后，受到无比的冷遇，宗望、宗翰根本不与他见面，还把他安置到军营斋宫西厢房的三间小屋内。屋内陈设极其简陋，除桌椅外，只有可供睡觉的一个土炕，毛毡两席。屋外有金兵严密把守，黄昏时屋门也被金兵用铁链锁住，钦宗君臣完全失去了活动自由。

当时正是农历四月，北方还很寒冷，徽宗、钦宗二帝和郑氏、朱氏二皇后衣服都很单薄，晚上经常冻得睡不着觉，只得找些柴火、茅草燃烧取暖。钦宗的朱皇后当时 26 岁，艳丽多姿，还经常受到金兵的调戏。

被掳人员到达金朝京师会宁府时，金人举行了献俘仪式，命令二帝

及其后妃、宗室、诸王、驸马、公主都穿上金人百姓穿的服装，头缠帕头，身披羊裘，袒露上体，到金朝阿骨打庙去行"牵羊礼"。朱皇后忍受不了如此奇耻大辱，当夜自尽了，金人还为两位皇帝起了侮辱性封号，称徽宗为"昏德公"，称钦宗为"重昏侯"。

二帝被劫持到北方后，先被关押在五国城，因为受不了金人的折磨，一日徽宗将衣服剪成条，结成绳准备悬梁自尽，被钦宗抱下来，父子俩抱头痛哭。后金人又将二帝移往均州，此时徽宗已病得很厉害，不久就死在土炕上了，钦宗发现时，尸体都僵硬了。

徽宗的尸体被架到一个石坑上焚烧，烧到半焦烂时，用水浇灭火，将尸体扔到坑中，据说，这样做可以使坑里的水做灯油。钦宗悲伤至极，也要跳入坑中，但被人拉住，说活人跳入坑中后坑中的水就不能做灯油用了，所以，不准钦宗跳入坑中。徽宗死时54岁，徽宗死后，钦宗继续遭受折磨，最后也惨死在北方。

绍兴二十六年（1156）六月，宋钦宗病死，宋钦宗死因另据遗《大宋宣和遗事》，1156年6月，金主完颜亮命钦宗出赛马球。钦宗皇帝身体孱弱，患有严重的风疾，又不善马术，很快从马上摔下，被乱马铁蹄践踏死。

宣和七年1125年大金攻宋，宋徽宗退位，长子赵桓在十二月十三日继位，后庙号钦宗，年号靖康。靖康元年正月同意割让太原、中山与河间三镇，后反悔。

靖康元年十一月遭到十几万金军攻打，于月底攻至开皇都开封，同时派康王等三路人往金军，分别割让太原、中山与河间三镇，河北，河东。被围城十几日后听信迷信，派郭京迎战金军，被攻破城门，破城后金军随意封锁城内各地金银为已。

仍保有大片国土时的大宋钦宗，十二月向金国正式投降。交付全城尽半兵器，搜括开封市内的金银贡献于金军，承认割让北方太原等三镇。而此时康王并没有去金营割地，而是借勤王之名拥兵自守一路南逃（此时正是岳飞出山在康王刘浩下效力时，曾随宗泽与金开战）。

靖康二年1127年宋钦宗和宋微宗本人及后妃、皇子、公主等三千多人被俘虏，另俘虏皇室少女，妇女、宫女、官女、民女等共一万五千多人，运至大金国土，大部分作妓女。

宋钦宗赵恒这位苦命的皇帝，做皇帝只一年多，被金人掳去，受尽折磨终身监禁达30年之久。

通常历史家公认北宋亡于1126年。此后徽钦二宗先后死于五国城。

耻辱啊，大宋朝当时文有李刚，武有宗泽，后有岳飞，但关键在大宋根底已腐败不堪，多数人想着如何保命，如何保官，同时又是重文轻武的朝代，对于猛烈的金朝攻势，节节失利，又没有好的组织起来抵抗。唉，可叹! 宣和七年1125年冬，灭辽后金朝大举进攻宋朝。四十四岁宋徽宗退位，26岁的长子赵桓在十二月十三日继位，后庙号钦宗。时金对宋实行进攻和议和双管齐下的方针。

靖康元年1126年正月，金军兵临国都开封城下。宋钦宗欲车驾南逃，被尚书右丞李纲劝阻。李纲在危难时刻主持开封防御，几次打退攻城的金军。陕西的老将种师道率军入援。宋钦宗又希图发兵夜劫敌营，侥幸取胜。宋将姚平仲劫营失败后，宋钦宗慌忙与金人订立城下之盟，同意割让太原、中山与河间三镇。东路金军退走后，宋钦宗又翻悔割地。宋徽宗回到开封。

靖康元年1126年十月76岁种师道病卒，生前曾出四次关键建议：第一次是二月初姚平仲夜劫金营失败，种师道建议再次出兵劫营，或者每夜发兵几千人袭扰敌人，可以成功，宋钦宗不用。第二次是完颜斡离不退兵，种师道建议乘金军半渡之际，发动奇袭，否则必为他日之患，

宋钦宗也不用。第三次是太原失守后，种师道急令调兵京城，第四次是临终遗奏，建议皇帝退守关中，众臣建议良臣李纲、宗泽代守开封，宋钦宗不用。在北宋立国160年，养成一种浓重的重文轻武风气，一时国中无大将可用。此时的宋朝内部由宋徽宗重用高俅，童贯，宋江，方腊之乱后，被宋钦宗换掉一批旧朝，朝中紧急缺员的情况下，面临金军的进攻。失去种师道无疑让宋钦宗更无助。

十一月宋钦宗让宋徽宗劝说九弟康王割地太原、中山与河间出使金国，同时又派耿南仲和聂昌出使，割让河北与河东。康王与金军反方向行至河北的相州，与知州汪伯彦歌舞升平。同终日巡城的宋太宗的六世孙通判赵不试形成鲜明对比。后至磁州宗泽守地，宗泽劝其利用身份号召周围五州兵力出师真定。围魏救赵，分散金军进攻开封注意力。康王不愿出兵，只求自身安全，回到相州整日花天酒地。奉命割让河北的耿南仲被卫州（今河南汲县）人驱逐，也来到相州，与耿延禧父子团聚，而另一奉命割让河东的聂昌却被当地人杀死。至此割地计划无一成功。十一月二十五日金朝东路军完颜斡离不率十万屯兵城东北，十一月二十七日开始攻击，由于救援太原，用兵河北河东，共出兵三十几万，而后种师道临死前曾招二十六万八千人，死后被议和派唐恪和耿南仲以财力不支为名撤销，现正规军仅七万加上冲破阻截来援的南道总管张叔夜临时率兵一万三千人再加上临时征调的开封附近保甲（民兵），在市井招兵，最后拼凑了十七万人。

时监察御史张所的上奏。一、弹劾唐恪误国无能；二、说王宗濋自恃骄贵，不知军事；三、建议召李纲回京，委以重任；四、举荐谙熟兵机的正七品武功大夫吴革，提议破格用人，以吴革出任殿前都指挥使、兼守御副使；五、强调绝不能放弃河北与河东，应当下诏收回割地的命令，号召两河民众组织义兵，抵抗金兵。宋钦宗御笔：唐恪罢少宰，改太宰。李纲复资政殿大学士、领开封府事，速回京师。仍重用王宗濋，吴革当量才而用。

闰十一月宋钦宗迷信，命王宗濋副都统郭京准备六甲神兵七千杀退金军。闰十一月十三日，宋钦宗召见金使，金使要求国相和皇帝亲临敝寨和谈，宋钦宗不愿亲往，后改要求相前去议，太上皇，皇子，越王与郓王为质，可退兵，候河北、河东两路割地了毕，即送太上皇等归城。宋钦宗亦不与。在攻城战期间宋钦宗曾两次上守城劳军，期望振奋军心。内殿对是死战还是议和，众说云云，宋钦宗也犹豫不绝。

闰十一月二十四日郭京率其新征六甲神兵代替守城军，一开始后被大败，郭京扔下宣化门只身逃跑。攻城金兵冲进并占领宣化门，利用城楼设施对内，与城中军民展开以此门为战略的战斗，死伤无数百姓。秦元、王宗濋与刘延庆三军数万之众出逃，此时宋钦宗仍以来神兵大胜，后得知城破，悲痛不以。

闰十一月二十六日景王和李若水出使议和，金军要求河东河北河中割让，并交付犒军金银。第二日宋钦宗亲自出使达成协议。

十二月一日宋钦宗正式在城外上降表。一百万锭和银五百万锭的犒军费。被诱降至金帐，废宋，至此北宋亡。与钦宗出降时康王用勤王之势在相州开元帅府，副元帅汪伯彦，挂名宗泽。并拥兵与开封反方向行军自守。

二月七日王时雍、徐秉哲和范琼将宋徽宗和皇族、后妃等三千多人，或者乘轿，或者乘牛车，或者徒步，陆续押送到金营。至十一日被金军将帅选取女子达一万五千六百多人，皇室女多被瓜分，仍不能凑足犒军费，下令开封府搜刮金银，此间金营每天都有非正常死亡事件。

三月七日金朝对张邦昌行册命礼，国号为楚，以建康府为国都。在时百姓称之为"伪楚"。后于四月四日宣布了自己逊位，请孟太后主持

大政。

三月二十八日金军撤离开封，押解宋钦宗金军五月十七日到代州（治今山西代县），六月二日抵达完颜粘罕的大本营，金朝西京大同府（治今山西大同）东路国五月一日，就将宋徽宗一行押解北上，于十三日到达燕京析津府，大群宋俘由外城东的迎春门入城，以"亡宋太上皇"的旗帜为导。这两批宋俘于七月才得以团聚。皇室储公，女等被送金朝大都会宁府，除去被抢占的皇室女后，其余被分配到洗衣院当女奴，洗衣院其实是一个变相的妓院。

1161年，因于五国城（今黑龙江依兰）钦宗赵桓在金国被马踩死，终年57岁，葬处不明。

 ## 靖康之耻被俘贵妃公主不如娼妓？

从靖康元年（1126）十一月金兵第二次包围京城到靖康二年四月张邦昌伪政权建立前，宋徽宗、宋钦宗及北宋官员一直幻想不惜任何代价、通过斡旋方式保留政权。靖康二年正月二十二日，双方达成协议，该协议规定：（金国）准免道宗（宋徽宗）北行，以太子康王、宰相等六人为质，应宋宫廷器物充贡；准免割河（黄河）以南地及汴京，以帝姬（公主）两人，宗姬、族姬各四人，宫女二千五百人，女乐等一千五百人，各色工艺三千人，每岁增银绢五百万匹两贡大金；原定亲王、宰相各一人，河外守臣血属，全速遣送，准俟交割后放还；原定犒军金一百万锭、银五百万锭，须于十日内输解无缺。附加条件是："如不敷数，以帝姬、王妃一人准金一千锭，宗姬一人准金五百锭，族姬一人准金二百锭，宗妇一人准银五百锭，族妇一人准银二百锭，贵戚女一人准银一百锭，任听帅府选择。"从正月二十八日起，北宋政府开始履行以上协议，按照金人的要求向金军营寨输送女性，最早送去的是蔡京、童贯、王黼家的歌妓各24人，其中福金帝姬（公主）作为蔡京家中的女眷也在遣送之列，被送往皇子（斡离不）寨。史载，福金帝姬见到斡离不后，"战栗无人色"，斡离不下令奴婢李氏将福金帝姬灌醉，乘机对其实施强暴。福金帝姬是"靖康之难"中第一个被金军统帅蹂躏的宋朝公主。

尽管开封府官员刮地三尺，却无法满足金人的索求。为苟延残喘，宋徽宗、宋钦宗开始拿妇女抵债。开封府官员除对照玉牒将宫廷、宗室妇女全部押往金营外，还搜括京城民女甚至已经嫁人的宫女充数。这些被强行抓来的女性"皆蓬头垢面，不食，作赢病状，觊得免"，而开封府尹徐秉哲为了邀功，竟"自置钗衫、冠插、鲜衣"，将上自嫔御、下及乐户的五千名妇女盛装打扮送出京城，交付金军。以胜利者自居的金军从选送的五千名女性中"选收处女三千，余汰入城"，当然，被淘汰的2000名女性应属于被金兵糟蹋后由于身体虚弱等原因不便带走而已。

由于无法满足金军索要的金银数目，宋徽宗和皇室成员也没能逃脱这场噩运：二月初七日中午，在金军元帅粘罕、斡离不和上万名骑兵的严密监视下，宋徽宗率妻妾、子婿妇、女奴婢从皇城络绎而出，经内侍指认点验后，"太上后妃、诸王、帝姬皆乘车轿前进；后宫以下，骑卒背负疾驰"。在交接过程中，金兵对其行李也进行了严格检查，凡金银玉帛"不许带往南熏门交割"。随后一些躲藏在民间的宫廷、宗室女性也被金兵陆续搜出，除了死去的女性需要特别注明外，任何与皇室有直接血缘关系哪怕是年仅一岁的儿童都在被掳之列。据《靖康稗史》之三《开

封府状》所保存的少量与皇室关系密切的女性资料统计，这些女性的平均年龄在 20 岁左右。

最终金人选定嫔妃 83 人，王妃 24 人，帝姬、公主 22 人，其中皇帝妃折钱加倍，共折合金 13 万 4 千锭；嫔御 98 人、王妾 28 人、宗姬 52 人、御女 78 人、近支宗姬 195 人，共折合金 22 万 5 千 5 百锭；族姬 1241 人，共折合金 24 万 8 千 200 锭；宫女 479 人、采女 604 人、宗妇 2091 人，共折合白银 158 万 7 千锭；族妇 2007 人、歌女 1314 人，折合白银 66 万 4 千 2 百锭；贵戚、官民女 3319 人，折合白银 33 万 1 千 9 百锭。以上妇女共折合金 60 万 7 千 7 百锭、白银 258 万 3 千 1 百锭。

即便如此，除去已经缴纳的金银数目，北宋政府还欠金人"金三十四万二千七百八十锭、银八十七万一千三百锭"。这 11635 名被出卖的女性分别被关押在青城寨（原大梁城南五里，今开封城南）、刘家寺（今开封城外东北）两个金军大营。

从被送入金军营寨的那一刻起，这些女性就开始遭到金军将领的蹂躏，她们被迫更换舞衣，给金军将领劝酒，稍有反抗就被当场斩首。二月七日晚，三名女性被斩首示众；一人因不堪侮辱，用箭头刺穿喉咙自杀；另有三名贡女拒不受辱，被金兵用铁竿捅伤，扔在营寨前，血流三日方才死去。

斡离不指着这三名女子的尸体警告王妃、帝姬要以此为鉴，否则同样下场。他们还强令福金帝姬安慰、说服刚到的人梳妆打扮、更换舞衣，供金军将领享乐。不久，保福、仁福、贤福三名帝姬和两名皇子妃被折磨而死。在金军将领强迫宋徽宗参加的宴会上，斡离不向宋徽宗提出把富金帝姬嫁给设也马（真珠大王），遭到宋徽宗"一女不事二夫"的拒绝。粘罕不胜恼怒，竟下令在场的金军将领每人拉走两名女子，任意发泄。为了满足金军将领们的淫欲，斡离不甚至下达了"元有孕者，听医

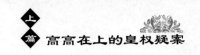

官下胎"的命令。

金军将领如同分配牲畜一样瓜分这些特殊的战利品。在第一批被押解到金营的妇女中，"国相（粘罕、斡离不）自取数十人，诸将自谋克以上各赐数人，谋克以下间赐一二人"，其后随着宫廷、宗室、贡女的陆续到来，除选定贡女三千人以外，金国朝廷"犒赏妇女一千四百人，二帅侍女各一百人"。到金军撤离，粘罕、斡离不领人观看从京城搬运北宋皇宫的器物时，身边已是"左右姬侍各数百，秀曼光丽，紫帻青袍，金束带为饰"。

同时，分赃不均也引发了金军将领的内部矛盾：万户赛里指使千户国禄都投书帅府，申述他的弟弟野利已经和多富帝姬定情，要求元帅府归还多富帝姬。两位元帅听后勃然大怒，将野利斩首。守城千户陆笃诜杀死哥哥尚富皂，起因也是因为尚富皂奸污了陆笃诜抢来的宗室妇女。在金军将领的淫威之下，"各寨妇女死亡相继"。

也有个别王妃不甘接受这样的屈辱，与金军将领发生争执。斡离不理直气壮地说："汝是千锭金买来，敢不从！"王妃争辩道："谁所卖？谁得金？"斡离不回答："汝家太上有手敕，皇帝有手约，准犒军金。"该王妃还幻想自己身分尊贵，不在受辱之列，"谁须犒军？谁令抵准？我身岂能受辱？"斡离不反诘道："汝家太上宫女数千，取诸民间，尚非抵准？今既失国，汝即民妇，循例入贡，亦是本分。况属抵准，不愈汝家徒取？"倾巢之下，岂有完卵。在金军血腥残暴和皇帝懦弱无能的现实下，这位想捍卫贞节的王妃最终也"语塞气恶"，只能忍气吞声、任人摆布。

北宋后妃及宗室女性的遭遇

据《宋俘记》记载，从靖康二年三月二十七日起，北宋后妃及宗室女性被分作七批押往金国都城上京（今黑龙江阿城市），除忍饥受冻、风餐露宿外，她们既要克服身体的特殊状况（月经或怀孕），而且随时还会遭到押解官员的骚扰和侮辱。

《青宫译语》完整地记载了第二批押解女性从东京出发到上京的全过程，从她们的经历可以比照其它六批女性的遭遇：靖康二年三月二十八日，韦妃（宋高宗的母亲）、邢妃（宋高宗的皇后）、朱妃（郓王之妻）、福金、嬛嬛两位帝姬和两位皇子在真珠大王、千户国禄和五千名金兵的押解下北迁。二十九日，邢朱二妃、二帝姬因"坠马损胎"。四月初一日，她们与宝山大王押解的第三批女性宋钦宗的朱皇后和朱慎妃等人会合。四月二日，行程途中，国禄先后猥亵朱妃、朱皇后，随后与嬛嬛帝姬同骑一马。盖天大王见色起心，杀国禄，弃尸于河，妄图霸占嬛嬛帝姬，被真珠大王阻止后，又把凌辱的矛头指向邢妃，"邢妃以盖天相逼，欲自尽"。十一日到达真定府（治今河北正定县）后，金军将领听说朱妃、朱慎妃擅长填词歌咏，逼迫朱妃、朱慎妃为他们填词演唱。两人无奈，就填词哀叹自己生不如死的悲惨处境，其中一首为："昔居天上兮，珠宫玉阙，今居草莽兮，青衫泪湿。屈身辱志兮，恨难雪，归泉下兮，愁绝。"四月十九日，真珠大王强娶富金帝姬为妾，大摆宴席，邀请北宋后妃参加。四月二十九日，真珠大王押解韦妃等先行，与盖天大王分别，盖天大王"送至三里外，怅然而别"，对这些女性仍心存觊觎。从燕山登程以后，进入沙漠，路绝人烟，金人日行150里，壮年男子都感到疲于奔命，这些女俘们更是苦不堪言。过兔儿涡（今辽宁北镇县境内）、梁鱼涡（今辽宁新平县东南）沼泽地时，尽管她们躺在骆驼、马匹两侧的兜袋里，衣服也全部湿透，"地狱之苦，无加于此"，以致人皆病困，直到十几天后到达乌舍（今吉林农安县东北）时，病者才死里逃生。然而，等待她们的是更悲惨的命运。除富金帝姬等4人被赐给真珠大王为妾、陈桃花等4人赐给真珠大王为奴婢外，韦氏、邢氏等18人被遣送到洗衣院。

由于史料缺乏而不能进行完全统计，从第一批押解的情况可以大致看出有大批女性死于押解途中：第一批被押解的人员中有宗室妇女3400多人，她们三月二十七日从青城寨出发，由于途中"长途鞍马，风雨饥寒，死亡枕藉，妇稚不能骑者，沿途委弃"，"十人九病"，有1500名妇女在途中死亡。四月二十七日到达燕山时，仅存妇女1900余人，死亡率为44%，到达上京的死亡率应在50%以上。至于民间贡女，其处境更是惨不忍睹。固新押解贡女3180人、诸色目人3412人从青城寨出发，四月初八到达相州（今河南安阳），由于连日下雨，贡女所乘的车大多已经破漏，她们被迫到金兵的营帐中避雨，结果遭到金兵的轮奸。被掠者每日以泪洗面，而金军将领皆"拥妇女，恣酒肉，弄管弦，喜乐无极"。

这些女性在途中受尽屈辱和折磨后，最终到达上京。她们被强行遣送到洗衣院、御寨或分给金军将领，有的甚至沦落为娼。金朝统治者不仅自己享用这些战利品，还把她们赐给南宋出使金朝的大臣以示侮辱。天会六年（1128）正月，南宋使者王伦等出使云中，被金国扣押，粘罕赏赐王伦内夫人及宗女四人，甚至还赏赐随行使者朱绩一位宗室女。朱

绩因不接受赏赐，竟被粘罕处死。

天会六年八月二十四日，北宋宫廷的后妃及宗室女性们经历了她们北迁以后最耻辱的一幕。作为战俘，金朝皇帝命令宋徽宗、宋钦宗、两位皇后、皇子和宗室妇女改换金人服饰，拜谒金人的祖庙。史载"后妃等入宫，赐沐有顷，宣郑、朱二后归第。已，易胡服出，妇女近千人赐禁近，犹肉袒。韦、邢二后以下三百人留洗衣院"。发送前，金国统治者再次命令20名医官对暂不发送的94名宫眷"孕者下胎，病者调治，以备选进"。从字面看"洗衣院"好像是洗衣的机构，其实不然。从与韦氏一同被遣送到洗衣院的朱凤英、赵嬛嬛第二天"并蒙幸御"来看，洗衣院实际上是供金国皇帝消遣的场所。由于当时南宋与金处于交战状态，金人将韦氏、邢氏送入洗衣院以示对宋朝皇帝的侮辱。在异族统治者的众目睽睽下，宫廷、宗室妇女遭受的集体侮辱使钦宗的朱皇后感到绝望，面对金朝统治者的野蛮暴行，作为战败民族女性的代表，为了捍卫自己和所代表民族的女性的尊严，履行母仪天下的职责，她选择了以死抗争。受降仪式结束后，朱皇后即"归第自缢"，被人发现后救活，她"仍投水薨"。

在所有北迁的女性中，朱皇后最具有反抗精神，她的这种刚烈行为其后还得到了金人的褒扬。金世宗下诏称赞她"怀清履洁，得一以贞。众醉独醒，不屈其节"，追封她为"靖康郡贞节夫人"。这无疑是对徽、钦两位皇帝和大多数女性苟且偷生的最大嘲讽。

宋徽宗在世的21名公主中，除死于刘家寺的保福帝姬、仁福帝姬和贤福帝姬3人外，富金帝姬被真珠大王强迫为妾、惠福帝姬被宝山大王聘为妾，剩下的16人中没入洗衣院的9人、遣送到各大营寨的6人、云中御寨者1人。

宋徽宗的皇后皇妃5人，郑皇后和其它3位皇妃一同和宋徽宗迁至五国城（今黑龙江伊兰县），韦氏流落洗衣院。嫔位的 31 名女性中，4 名移居额鲁观寨，4 人移居萧庆寨，3 人移居葛思美寨，其它 20 人随宋徽宗第四批北行，3 人生子，其余人员情况不明。其它封号的 108 人中，其中婕妤、才人、贵人、美人 41 人，先入青城寨，跟随第五批北行，曹小佛移居葛思美寨，到燕山以后，新王婕妤等 5 人归宋徽宗，其余 35 人居燕山御寨，至上京以后此 35 人又被分散，奚拂拂等 10 人入洗衣院，莫青莲等 21 人分别入斜也、讹里里、达赉、母、希尹、兀术及诸郎君寨，邱巧云等 4 人死于途中。至于国夫人、郡夫人、夫人封号者 67 人，李春燕被金人赏赐给张邦昌，陈桃花等 4 人归真珠大王寨，郑佛保等 4 人归宝山大王寨，霍小风等 2 人归高庆裔寨，郑巧巧等 2 人归余余寨，王猫儿等 4 人归兀室寨，费兰姑等 4 人入娄宿寨，沈金男等 2 人归刘思寨，韦月姑等 44 人第七批北行，途中死亡 11 人，其余 33 人归云中御寨。

除柔嘉公主随宋钦宗至五国城外，其它 29 名皇孙女，死于寿圣院及途中的 14 人，过沼泽地时被水淹死的 4 人，没入洗衣院的 6 人。剩下的 5 人中，肃王的女儿玉嬅被封为帝姬，景王的女儿嫁给了韩昉的儿子，益王的女儿嫁给了克锡的儿子，其余 2 人下落不明。

宋钦宗 1 后 1 妃，朱皇后死于上京，朱慎妃随至五国城。10 名有封号的姬妾，其中 4 人入真珠大王寨，卢顺淑等 4 人入宝山大王寨，郑庆云等 2 人到燕山以后归宋钦宗，流落至五国城。另外作为奴婢封职的 27 位，其中 6 人途中淹死，1 人自刎，2 人病死，顾顽童等 3 人归宝山大王寨，杨调儿等 2 人被赏赐给真珠大王，朱淑媛等 13 人入洗衣院。

34 名皇子妃中，第二批北行者 5 人，3 人发配到洗衣院（其中高宗皇后邢氏、田春螺死于洗衣院，朱凤英后至五国城），1 人配真珠大王，1 人封绍兴郡夫人。第三批北行者 1 人，先入宝山大王寨，后敕配伪建

安郡王赵椬。第五批北行者28人，入洗衣院者9人，其中4人于天眷十三年迁往五国城，另外5人死于洗衣院；被遣送到各大营寨者10人，赐给伪相国李浩为妾者1人，另外8人无考。可见，在34名皇子妃中，除8人下落不明外，绝大多数女性仍然被遣送到各大营寨（12人）和洗衣院（12人）。

史书留下的有关宗室记载，惟有燕王赵俣、越王赵偲、义和郡王赵有奕三支。其中燕王妻至五国城，妾2人入洗衣院，儿媳4人、女儿及孙女6人中，只有女儿赵飞燕被封为次妃，其余下落不明。越王赵偲，妻殁于韩州；妾2，1殁于燕山御寨，1殁于洗衣院；儿媳6人，女儿3人，孙女1人，其中女儿檀香入宫为夫人，儿媳陈艳入兀术寨，其余下落不明。郡王赵有奕妻殁于道。由于宗室女被没入洗衣院或分给参加侵略战争的金军各级首领，她们的处境各不相同，"妇女分入大家，不顾名节，犹有生理，分给谋克以下，十人九娼，名节既丧，身命亦亡"，金国一个铁匠竟以"八金"的价格买下一位兼有"亲王女孙、相国侄妇、进士夫人"三种身分的女性。这些女性"甫出乐户，即登鬼录"，命运大致相同。

从以上数字可以看出，在对北宋宫廷、宗室女性的瓜分中，获益最多的是金朝统治者。首先是金朝皇帝，占有被送到洗衣院和各大御寨的女性；其次是发动战争的军事贵族，粘罕、斡离不在离开北宋都城前身边女性已达百人以上，到上京以后，他们又参与了对押解到上京妇女的再分配；再者是参加战争的各族军事首领，据以上有限、具体的数字统计，遣送到各大营寨的女性：额鲁观寨4名，萧庆寨4名，葛思美寨4名，真珠大王寨11名，宝山大王寨12名，高庆裔寨2名，余余寨2名，兀室寨4名，娄宿寨4名，刘思寨2名。

随着南宋抗金力量的不断增强和宋金议和的进展，这些被掳女性的

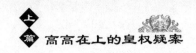

处境稍有改变，少数宗室女性被召入金国的皇宫，也有一些女性嫁给了金国贵族，还有个别女性作为金国的友好使者远嫁异域，如在金国出生的全福帝姬嫁给了西夏国的李敦复。就整体而言，除了绍兴十二年（1142）五月伴随宋徽宗、郑皇后、邢氏的梓宫南归的宋高宗的母亲韦氏外，其它女性全都留在金国。正隆六年（1161）七月完颜亮南侵之前，杀掉辽朝后裔耶律氏和宋朝子男130余人。此时距"靖康之难"已30余年，从年龄上推算，这些女性大多已经在30在50岁之间，最小的也在30岁以上，她们或已客死异乡，或已人老珠黄被人遗弃了。

"靖康之难"中，北宋后宫嫔妃、宗室妇女全部被掳往北方为奴为娼的历史，既是南宋人难以以齿的耻辱，也是激励南宋人抵抗金兵南下的动力。对于南宋道学家来讲，这场灾难也给他们敲响了警钟：在民族矛盾异常尖锐的南宋时期，金军的频繁入侵随时都会使女性们遭到贞节不保的噩运。如何在战场失利的情况下保住妇女的贞节成了道学家们关注的问题，他们舍弃北宋时期重生存轻贞节的观念，提倡妇女舍生命保贞节，这种观念也逐渐被士大夫们所接受。经过道学家们的反复说教和统治者的大力宣传，到了明清之际，女性的社会活动和生存空间日益缩小，而标榜她们殉节的贞节牌坊却日益增多，在生存与贞节之间，女性们除了殉节外已别无选择。

文臣名将的千古冤情

　　宋朝的将领中不乏精忠报国者,这些人励精图治,为国家和社会着想,为百姓安康着想。然而,这些人却备受蒙冤。到底他们受到了什么样的罪过,到底有着怎么样的冤情,造成了巨大的历史千古奇案。

抗金英雄岳飞：千古冤狱"莫须有"

岳飞在中国的历史上正可谓妇孺皆知、家喻户晓，盖因他是民族英雄，又因为他死的冤屈，所以才流芳千古。沾他的光一并出名的还有秦桧，君不见西子湖畔的岳武穆旁边就跪着秦桧等三人。史书记载岳飞是抗金英雄，最后被秦桧以莫须有的罪名害死，秦桧为什么要害死岳飞，原因冠冕堂皇，但深究下去，似乎都不堪一击。

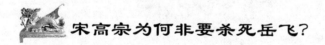

宋高宗为何非要杀死岳飞？

岳飞少年家境贫寒，仍然刻苦学习《左氏春秋》、孙子和吴起兵法，习练武艺。长大成人后，力气非常大，能操拿300斤的弓，能拉开8石的力弩，后来成为中国历史上有名的抗金英雄。对于岳飞的死因，多数人都认为是秦桧以"莫须有"的罪名陷害的，是一桩冤案。其实，岳飞

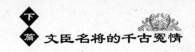

的死，是他一步步招惹来的，是典型的自己找死。

"靖康之耻"后，宋徽宗的第九个儿子康王赵构逃往南京应天府（今河南商丘）称帝，建立了南宋帝国。南宋政权虽然暂时安定了下来，但外有金兵虎视眈眈，内有游寇纷纷作乱，极大地威胁着南宋的统治。在这种情况下，宋高宗赵构不得不抛开"压制武将"的祖宗家法，注意笼络重用武将，因此武艺精湛、兵法贯通的岳飞才得以脱颖而出,展露头角。那一年，岳飞24岁，时任东京留守司七品统制。

1127年，赵构称帝后，职务低下的岳飞竟然越级直接给皇帝赵构上书，而且还口气强硬的要求赵构"还都开封"，还让赵构"亲征金军，收复失地"，这让好不容易从金军铁骑下逃生后心神未定，腿还在打哆嗦的赵构感到非常生气。赵构没有理会岳飞的爱国请求，反而给岳飞穿上了"小鞋"，以"越职"为由，削夺了岳飞的军职。岳飞得罪赵构的序幕才刚刚拉开。

1130年，岳飞"克复建康"，被赵构授予泰州知府和泰州抚使，镇守泰州。不久，赵构又命令岳飞驻守通州、泰州，并且告诉岳飞"能守则守，不可则掩护该地百姓渡江"。什么叫"能守则受"，其实说白了还是让岳飞坚守。岳飞不但没有深刻领会赵构的意图，反而自认为"泰州无险可守"，便放弃了据守泰州，只是"率领军民渡江"算完。结果赵构以"泰州失守"为名，再次令岳飞"停职待罪"。

1133年，岳飞奉命镇压了江西吉安和赣州的农民起义军，赵构非常高兴，亲笔书写了"精忠岳飞"四个字送给岳飞，并提拔岳飞为镇南军承宣使、江南西路沿江制置使。此后，赵构不断给岳飞加官晋爵，甚至一度封到节度使，君臣之间的关系似乎得到了一定的缓和和融洽。

1137年时，赵构在临安府召见岳飞，"拜太尉，授宣抚使兼营田大使"。太尉是宋代武将的最高头衔，宣抚使则是仅次于宰相的执政级实职

差事，可见当时赵构对岳飞的喜爱和信任。之后，春风得意的岳飞多次与赵构谈论"克复北方失地"的事，并力主出兵北上，收复河北、京畿、陕西失地。赵构非常赞同他的主张，表示"中兴之事，一以委卿"。但是，前几天还雄心勃勃的赵构，却突然来了个180度的大转弯，竟然唆使秦桧与金军谈判，准备议和。在这种时候，连皇帝都改变主意了，岳飞居然又与张浚"商议遣将之事"，因而受到猜忌，再次被解除兵权。对赵构的出尔反尔，岳飞十分愤慨，一怒之下，竟然擅离职守，离开本军，以"为母守孝"为名上了庐山。

岳飞毕竟是南宋在军事上倚重的大臣，虽然脾气倔强，但对国家忠心耿耿，不能就这样对他撒手不管了。后来，赵构强忍怒气，自降身份，经过"数次下诏"不断安慰他，岳飞才姗姗来迟的返朝，向赵构请罪，赵构表示对其宽恕的同时，并引用太祖"犯吾法者，惟有剑耳"的话以示警告，言语之中已经暗藏杀机。入朝后的岳飞不但没有做深刻的反省，及时的开展"自我批评"，反而一如既往的劝赵构"出兵北上，收复失地"，赵构没有答应他，只是派他驻兵江州（今江西九江），以便于随时援应两怀和两浙地区，同时也可以少在自己跟前"嘟囔"，眼不见，心不烦。

1138年，吃了豹子胆的岳飞居然上言，请"无子嗣"的赵构"建储"，这让赵构很是"怒发冲冠"。因为赵构的独子赵旉8年前夭亡，自己又在扬州溃退时受了惊吓，失去了生育能力，后来赵构虽然从太祖赵匡胤一支中挑选了两位皇室子孙，过继到自己名下，但还没有确定由谁继承皇位。如果此时立太子，在他看来无疑是向天下暴露其难言之隐。岳飞深深的刺痛了赵构那颗受伤的心。再者，宋朝的祖宗家法也规定"武将不得干预朝政"。所以岳飞的建议一下又触犯了两大忌讳，更加深了赵构对他的忌恨。

1139 年，赵构又和金国议和，金国归还了南宋河南、陕西等地。赵构以为和议之事已成定局，从此就可以安享太平，便大赦天下，给文武大臣加官晋爵。但是，岳飞却认为"金人不可信"，并上表不赞同赵构和秦桧的投降乞和行径，甚至拒绝接受赵构赐给他的高官，公然与皇帝唱起了"对台戏"。赵构和秦桧对岳飞切齿痛恨，除掉岳飞的阴谋已经在秘密的酝酿之中。

果然不出岳飞所料，1140 年，金人撕毁和议，再次南侵，岳飞又率军奔赴了抗金前线，屡败金军，收复了河南大片失地。金军冲不过岳飞这个"障碍"，只得聚积兵力准备与岳飞率领的 15000 精锐骑兵决一死战。满足于"半壁江山"的赵构闻讯后，"大为担忧"，于是给岳飞下诏，要岳飞"审处自固"。赵构不仅替岳飞的生死成败担忧，更是替自己主张的议和政策能否实现而担忧，所以给岳飞的诏书很明确，就是让岳飞"自固"，只要金军打不过来就行。可是岳飞却把赵构的叮嘱当成了耳旁风，依然每日出城挑战，于金军营前骂阵。后来，岳飞又亲率军队大败金军，数挫金军精锐主力，令金军闻风丧胆，发出了"撼山易，撼岳家军难"的感慨和无奈。在连战连捷的大好形势下，岳飞上表赵构，提出要诸路人马"火速并进"，继续北上抗击金军的请求，并激励部下："直捣黄龙府，与诸君痛饮耳!"

然而，以赵构和秦桧为首的投降派，当初令岳飞北进，并非想光复宋朝江山，只是指望他击退金军南侵，保住半壁江山即可，同时以此作为与金国议和的条件。岳家军的接连胜利当然不利于赵构、秦桧与金国和议。此外，赵构还担心岳飞等主战派抗金，金军在战局不利的情况下，可能会迫于形势主动和南宋求和，进而放还被他们掳掠去的宋徽宗和宋钦宗父子，会与自己发生皇位的争夺。因此，在接到岳飞的奏疏后，赵构下令，让岳飞"措置班师"，"不许深入"。为了让岳飞尽快退兵，赵

构竟然一日连下十二道金牌，催促岳飞立即班师。即使这样，岳飞为了保护中原百姓南迁，竟然下令部队驻留 5 日，延误了回朝的期限，这是让赵构很没面子的事情，岳飞的处境已经想当危险了。

1141 年四月，赵构以犒赏军功为借口，把张俊、韩世忠和岳飞召到临安，任命张俊、韩世忠为枢密使，岳飞为枢密副使，名为升官，实际是解除了他们的兵权。接着，赵构和秦桧把迫害的矛头直指了岳飞。七月，秦桧的死党万俟卨秉承上意，上章弹劾岳飞。岳飞意识到自己处境险恶，上书辞职，恳求高宗"保全于始终"，能放过自己，但高宗对岳飞的厌恶由来已久，根本就没打算手下留情。八月，岳飞被罢免了所有官职。九月，秦桧收买岳飞的部将王俊和王贵，诬告岳飞谋反，把岳飞关进了监狱。与此同时，赵构、秦桧与金国的议和也正在紧锣密鼓的运作中。十一月，南宋与金国签订了《绍兴和议》，接受了称臣、割地、纳贡等屈辱的条件。同时，金国代表还提出了以杀害岳飞作为议和的条件之一。

公元 1142 年 1 月 27 日，赵构不惜违背赵匡胤"不杀大臣"的祖宗家法，亲自下旨，以毒酒赐死岳飞，张宪、岳云斩首。

一代抗金名将不是牺牲在战场上，而是死于自己所效忠的皇帝手中，无不令后人崇敬和痛惜。自古以来，君要臣死，臣不得不死。事实上，当赵构想要岳飞死时，岳飞到底犯没犯"谋反之罪"，已经变得不重要了。重要的是，当时南宋已经与金国达成了最后议和，作为武将，岳飞失去了存在的价值。由于岳飞一而再、再而三的和赵构对着干，而且还有意无意的刺痛皇帝的"软肋"，赵构对岳飞的怨恨积少成多，最终到了不可挽回的地步。如果赵构想让岳飞死，岳飞就必须死。诚如宰相秦桧所说，这些"莫须有"的罪名是否成立并不重要，重要的是，"此乃上意也"。《宋史纪事本末》也有记载："高宗忍自弃其中原，故忍杀飞"。

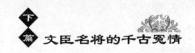

岳飞自 20 岁从军，到 39 岁被害，戎马一生，一直战斗在抗金的最前线，时时不忘以"恢复中原"、"还我河山"为己任。他领导的岳家军纪律严明，骁勇善战，沉重打击了南侵的金兵。岳飞是在抗金斗争中表现最坚决、最刚猛的大将，在战场上有勇有谋，所向披靡，让人可亲可佩。但是由于岳飞是个性情中人，由于他"志坚而倔强"，个性耿直，不懂官场的游戏规则，在政治斗争中缺少心计，不善于保护自己，多次得罪群臣，甚至三番两次的冒犯天颜，而且不注意吸取教训，最终被官场所淘汰。最不幸的是，岳飞遇到的是一个"阳萎皇帝"。根据心理研究表明：正常男子长时期失去性能力，会产生严重的自卑情结，甚至有可能产生性自虐或虐待他人的行为，更何赵构是一个拥有"三宫、六院、七十二嫔妃"，但不能行"房事"的皇帝了。

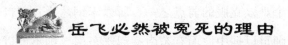

岳飞必然被冤死的理由

1142 年初的隆冬季节，宋将岳飞遇害于风波亭。这一悲剧使他本人成为汉民族主义的高度象征之一，在身后赢得了仅次于关羽的战神般的地位，并塑造了牢不可破的忠奸对立斗争的神话。这给很多人一种感觉：假如当初朝廷公正，这样的悲剧本来是可以避免的。不过事实也许恰恰相反，岳飞之死之所以成为悲剧，乃是因为它不可避免。

几乎所有关于岳飞的故事都暗示了一种可能性：假如不是奸臣当道、岳飞冤死，本来宋军是可以收复中原的。这也是后人怀念、推崇岳飞的

一个最重要的根本性假设。其中最著名的传说就是岳家军在朱仙镇大捷后，迫于12道金牌压力而放弃经营中原。

邓广铭早已证明：朱仙镇以500骑兵败金军10万、12道金牌等均非史实，而是岳飞之孙岳珂虚构出来的。岳飞的故事在流传的过程中，实际上夹杂进了很多汉族人因愤懑而未能满足的愿望。

但历史事实往往更严酷。1140年岳家军北伐的确取得了一些胜利，并罕见地在平原上以骑兵对阵决战的态势击败金军，不过战果其实颇为有限。如颍昌之战金军参战有3万骑兵和10万步兵，而宋军的战果是杀敌5000，俘虏2000多，缴获马匹3000多匹；郾城之战宋军对阵金军1.5万骑兵，战果仅夺得战马200多匹；小商河之战杀敌2000多。以上还是宋朝方面的记录，当时国史大抵夸胜讳败，不可尽信，但即使完全信任宋方记录，金兵的损失看起来也远未达到丧失反扑能力的程度。

而更困难的在于收复失地后能否长期坚守。中原地势平坦开阔，最能发挥骑兵优势，而不利于步兵守卫。宋军大部分都是步兵，这在冷兵器时代与骑兵对垒是一个难以克服的弱点之一。所以李纲才说："自古中兴之主，起于西北，则足以据中原而有东南；起于东南，则不能以复中原而有西北，盖天下精兵健马皆在西北。"当时宋军约近20万人，而其中大部分战斗力远不及岳家军，要靠这支军队在野战中彻底击败金军并坚守住收复的失地，其难度是可以想象的。

即使是在严肃的历史著作中，岳飞的悲剧长期以来也被描绘成南宋政局主战和投降两条路线斗争的结果，而忠奸是毫不含糊的价值对立，没有选择的余地。这建立于一个假设上：抵抗到底，必定获胜。

然而历史上的困境往往在于，有时使尽全力也不能取胜，那么该怎么办？势弱的一方，通常选择很少。历代诟病宋高宗急于求和，与秦桧共为阴谋，尽管宋高宗的做法有可争议的地方，但作为一个皇帝，他首先考虑的是赵氏王朝能一直维持不坠。南宋初年基本被动挨打，岳飞北伐的短暂突击式的胜利，在高宗看来乃是为数不多的可与金人讨价还价的筹码，因此北伐是手段而非目的。

长期以来，宋高宗是一个在历史上得到颇多劣评的皇帝，原因之一就是他对待岳飞一事极不得人心。愤激者痛斥他丧心病狂地执行投降路线，其原因是他贪生怕死、又贪恋皇位，不想迎被俘的二帝南归，甚至暗示他受惊吓不育，导致精神不健全。

这些指责不尽然。

首先，绍兴七年（1137 年）正月，金朝已向南宋通报宋徽宗死耗，而 5 年后才杀岳飞，因此不存在宋高宗担心徽宗南返夺位的问题；钦宗也未必能动摇他当时的地位。

其次，他已经是皇帝，何来卖国投降动机？

第三，如果他一味执行投降路线，那么岳飞一死，按说最大的障碍已去，金军为何也无大举进攻？

北宋灭亡时，康王赵构受钦宗蜡丸密信，为天下兵马大元帅，星夜驰援。但他本人不久也被金兵俘虏，后伺机逃脱。之后战乱中宋军一路溃败，赵构饱受追兵惊吓，这一点也常被用以论证他的怯懦无能的性格缺陷。

然而在宋徽宗的 31 个儿子当中，赵构是唯一的幸存者。贾志扬《天潢贵胄》中评说："宋朝之得以复兴，要归功于赵构的逃跑。"当时如果他没有逃跑，而是在北方战死，那么可能会出现一个更糟糕的局面：女真人不是在 17 世纪，而是在 12 世纪就征服中国了。

事实上在南宋，当时已经出现了不少冒牌宗室问题，如果没有一个纯正血统的皇子形成一个政治中心，当时的南宋很可能会崩溃。从当时危乱的局势来判断，宋高宗有能力与金维持一个不胜不败的分立局面，

已经是一项极为艰巨的政治任务，而不必因为失地未收复就轻易对他加以激烈的指责。单就当时的政治任务而言，我认为宋高宗是一个遭到低估的政治家。

宋承唐末五代之乱，赵宋对骄兵悍将极为戒备。自建国始，直接领兵将帅不得参与军政大计，以防止他们利用机会发动政变；而主管军政大计的文官，虽有权调动军队，制订战略决策，却又无一兵一卒。宋仁宗时狄青功高，但仍遭贬黜，他问宰相文彦博外放原因，文答："无他，朝廷疑尔。"

宋廷在对武将压制的同时，又一向加以优渥待遇。正一品宰相料钱每月 300 贯，从二品的节度使却有 400 贯；节度使的公用钱更惊人，每月 3000 贯至一万贯，而岳飞建节两镇，月薪至少万贯无疑。自高宗南渡，财政拮据，官员的俸禄减少，"唯统兵官依旧全支"，这无疑也激发了岳飞效忠的决心。

高薪养兵的用意，在于使之乐于享受，而无政治野心。《史记·白起王翦列传》中记载，秦将王翦伐楚，出兵前再三向秦始皇要求赏赐大批良田美宅。有人不齿，王翦却说：秦王惯常猜疑，如今将秦国所有大军全交给了我，我不这样做，难道让秦王对我起疑吗？

岳飞没有老将王翦那样洞察世故。我们后人在看待岳飞的事情时，遭遇到一个强有力因素的影响。我们已经知道岳飞是个赤诚的爱国者。宋高宗和我们不同，他按照自己的逻辑，难以判断岳飞是忠臣还是野心家。岳飞接近士大夫，又清廉自好，颇得军心，能答出"文臣不爱钱，武臣不惜命，天下当太平"这样的话，显示出他是一个有远大志向的人物。而雄心与野心常常是一回事，在宋高宗难以确认岳飞是否忠诚的情形下，他宁可错杀。

岳飞的悲剧在于他身居高位，但性格刚正清廉，对政治简直毫无头脑。他忠诚正直的一面曾使他成为高宗最欣赏的将领（南宋初年，岳飞是提升最快的大将），岳家军番号正式改为神武后军时，高宗亲笔题写"精忠岳飞"战旗，赐白银2000两犒赏，以笼络其心。后来岳飞眼看收复失地无望，表现得极为愤恨，称病3个月，不肯复职，遭到李若虚严厉责备："是欲反耶？……若坚执不从，朝廷岂不疑宣抚？"岳飞显然并未意识到自己这番举动已遭朝廷疑忌，1137年秋又上书建议立皇储，遭高宗训斥，下朝后面如土色；1138年，再提增兵，反对议和，这更触犯高宗忌讳。

岳飞不懂政治顾忌，以为自己问心无愧，直言进谏，即使在当时朱熹看来，却已是"骄横"了。岳飞在狱中听一个狱子说："君臣不可疑，疑则为乱。故君疑臣则诛，臣疑君则反。"不禁悲愤难当，然而只有大书"天日昭昭"四字，实至死也未知这一猜疑与自己平素没有心机和政治觉悟有关。

岳飞曾经几次临阵脱逃？

在现实生活中，只要人们一提起岳飞，就自然把他和民族英雄联系在一起了。其实岳飞也有不为人知的另一面。

岳飞是在北宋灭亡的前四年，河北真定宣抚使刘韐募敢死战士时应募从军的。后岳飞遂归宗泽麾下，跟随宗泽入守东京，屡立奇功，补授秉义郎。

赵构即皇帝位后，岳飞不顾职卑位低，上书高宗，大意说其身边的宰相黄潜善、汪伯彦一干人，畏敌如虎，不堪恢复大任，应御驾回东京，亲率六军将士北伐，则中原可复，高宗没有同意，反而将岳飞解职。岳飞在回家的路上，正好碰上了新任河北招抚使的张所，受到重用。张所既为"河北招抚使"，他的管辖区域就该在黄河北岸的今河南、河北一带，于是，当他招募到一些兵力时，就派属下都统制王彦，率领包括岳飞在内的 11 名统制及 7000 人马，渡河开辟抗金战场。

王彦任都统制，也就是管统制们的统制，显然要比岳飞资历深得多了。王彦过河后，兵临新乡，金兵势盛，王彦欲慎重进兵，岳飞却笑其胆小，独率部下冲敌，夺旗挥舞，王彦只得挥兵力战，遂攻下新乡。王彦责岳飞不服从指挥，岳飞则嗔王彦畏敌如虎，二人为此反目，岳飞遂率部独自行动。

而就在这时，金人以为宋大军进入河北，急调数万精兵前来围剿，将新乡围得水泄不通。王彦则率众死战，终因寡不敌众，不得不冒死突出重围，且战且退到共城（今河南辉县）西山，据说身边仅剩 700 余人，但他们据险设寨，顽强死守，使散亡部下逐渐寻归。

这时，岳飞不听将令，反在此时理直气壮地向处于危机中的王彦要粮。因此，众人在气愤中要求按军法处置岳飞。但王彦为岳飞松绑，置酒相待，说明困守荒山，没有余粮，让岳飞回去自己想办法。可岳飞竟在这样的危急时刻，率部下渡河回东京，转投宗泽去了。

高宗六年二月，大本营以王彦管理有方，升其知襄阳府、京西南路安抚使，王彦则以岳飞为荆襄樊方面军大帅，力辞不就。张俊遂保奏王彦为行营前护副军都统制、都督府参谋军事。现在的问题是：王彦为什么在功升京西南路安抚使、知襄阳府时，却以岳飞节制荆襄，辞职不就呢？

唯一的原因，就是岳飞当年擅自脱离河北战场的行为，是名副其实的临阵脱逃！把这样两个人放在一起对比，就足以看出并非王彦心胸狭窄，而恰恰是岳飞心高气傲，从一开始就不肯甘居人下。

高宗三年，金兀术大举进攻，杜充逃奔建康，后降金。岳飞率本部人马2000余人，在今江苏宜兴一带坚持抗战，当金兀术十万大军直突杭州时，岳飞乘机六战六胜。而在战区被金兵掳掠、部队断粮时，岳飞宁愿挨饿，也严禁部下抢掠百姓。当金兵北返被韩世忠逼进黄天荡逃逸时，岳飞主动配合拦截，设伏牛头山，四战四胜，并趁势收复了已是空城的建康，因此立功扬名，为高宗赏识，仅一年的时间，就提升为通、泰镇抚使，归张俊节制，守卫淮东。

然而，就在此时，岳飞又一次临阵脱逃！

泰州与扬州是长江及半个江苏的门户，战略位置非常重要。虽然其后岳飞奉命去救楚州，刘光世奉命递进增援，并节制诸镇，守御通、泰，但岳飞本职未变。可他却在回兵泰州后，于当年十一月金兵进攻之际，莫名其妙地退出了泰州，远离守地，渡江到江阴沙洲上去了。虽然《宋史·岳飞传》说"有旨可守即守，如不可，但以沙洲保护百姓，伺便掩击。飞以泰无险可恃，退保柴墟，战于南霸桥，金大败。渡百姓于沙上，飞以精骑二百殿，金兵不敢近。飞以泰州失守待罪。"

既有明令可以不守，何来失守之罪呢？又何来待罪之说呢？

就在岳飞等人在淮东作战时，陕西尽失，四川危在旦夕！而若四川一失，则云、贵不保，金必沿长江顺流直下江浙，南宋大势去矣。但就在这人心震怖众将纷纷避敌收缩之际，时任秦凤路副总管兼知凤翔府事的吴玠，在众将纷纷避敌收缩之际，却招收败亡散卒数千人，与其弟吴璘逆敌而进，在今宝鸡西南无人知晓的和尚原上，紧紧扼控住凤翔金军进攻四川的通道！

汉中是保卫四川的最后一个战略要地，自古欲取四川者，必先取汉

中；反之，自古欲保四川者，也必保汉中。而和尚原就在汉中正前方，垂直距离约160公里。而吴玠所以非要坚守和尚原，就因为对面的凤翔府城，原是他的职守本司。他和王彦、刘子羽等名将一样，原本是不同意富平会战的，战败亦无力挽回，而凤翔为敌占领，也并非他的责任，此时他退回汉中，与众将聚兵一处，不仅无人指责他，且还会受到重用。可他却选择了坚守职司一条险路。

更令人可敬的是，他们在此坚守，而大本营竟无人知道他孤军在此，而致部下中一些不坚定者，也认为他是自讨苦吃，拿他们性命不当事，甚至要合谋把他们兄弟劫往金营献功。

而金人当然也不会让吴玠横挡在自己面前，多次出兵攻打，不仅都为吴玠所败，而且还首创了宋军自与金开战以来以少胜多的先例！

这是金兀术自高宗三年十万大军被韩世忠截杀黄天荡侥幸逃逸后，首次被宋军以同样的数量对比招致全面惨败，据说还是换袍割须乔装打扮后，才侥幸逃脱的。而在南宋后来形成的五大主力中，吴玠是唯一的从始至终都在面对金军作战的方面军大帅。

同是身处劣势，同是无险可守，同是无粮无援，一个是明令死守，却放弃本职，临敌弃守；一个是无命自进，主动迎击，坚守本职；一个是距长江防线不足三十公里，一个距蜀口要冲汉中160千米，孰优孰劣，一目了然。这就是史书中为什么要记上一句"岳飞以失守待罪"的原因。

拿吴玠与岳飞对比，目的并不是要贬低岳飞，否定他的历史地位，而是要我们学会严肃地对待历史，对待历史人物，是则是之，非则非之。

岳飞的品格是很令人钦佩的，他也确实算得上是位英雄，但是要把他拔高到完美无缺的地位，是有些不符合历史真相的。

岳飞生活的那个年代，人们对他的评价并不太高，《宋史》上虽然对他有颇多美化的地方，但是我们仍然看得出来，岳飞在当时的地位也不过就是所谓"四大将"之一,其他将领韩世忠、张俊、刘琦、吴玠、刘光世、抗金功绩都不输于他,更不说前还有宗泽,后有虞允文等人。

岳飞的"岳家军"号称军纪严明,饿死不掳掠,冻死不拆屋,但他在宗泽手下任统制时,带领的军队一样也劫掠百姓。他被杀的时候,几乎没有什么人替他说话,相反他的很多属下都附和秦桧诬陷他,只有韩世忠出于老交情问了一句而已。可见他在当时人的心目中地位并不算怎么崇高,直到他死后几十年,其时主战派又占了上风,为了配合张俊北伐的宣传,南宋朝廷给他平反,不过这次北伐又失败了。

元朝时期,汉族被北方游牧民族征服,汉唐以来积累的自信心大失,而越是没有自信的人越是需要自大的幻想,所以需要歌颂岳飞的功绩以鼓舞士气。《金史》和《宋史》都是元代所编撰,本来应该是很客观的,但是认真读过这两本书就会发现,两部史的文字风格很不一样,不是一个人写的,较为倾向宋朝,对宋朝的抗金成绩较多美化,对金国的战绩往往一笔带过,因为金国先于宋灭亡,元朝编写史书的又大多是汉人,所以对宋抗金成绩多有美化。到了明朝,再加上小说话本等再一渲染夸大,就与事实相差更远了。

根据当时的历史事实,如果岳飞执意孤军深入,最后只会被消灭。女真人已经在北方建立起了稳固的统治基础,中原还有女真人扶持的汉人伪政权。宋金在中原的交战各有胜负,经常陷于拉锯战的状态,谁也不可能轻易地彻底消灭对方。岳飞也不是百战百胜,《金史》就多次记载他打败仗,但是《宋史》就隐而不提。

评价历史人物要坚持一分为二的观点,过于美化一个历史人物不但不利于英雄形象的树立,反而会使人觉得虚伪。相反,客观分析岳飞的功过得失,不仅不会降低他的身份,反而会使他的形象更加丰满,更贴近历史的真相。

岳飞罪名之谜

我们所熟知的岳飞的死因大都是这样，秦桧嫉妒岳飞屡建奇功，一心要跟大金国讲和，唆使皇帝以莫须有的罪名杀害了岳飞，而皇帝同意杀死岳飞的原因竟然是害怕岳飞打败金国，迎回二圣（其父宋徽宗、其兄宋钦宗），自己的皇位不保。表面看上去这些理由似乎很合理，但我们深究下去就会发现谜团重重。

宋史记载：秦桧把岳飞用十二道金牌找回之后，立即下狱，罪名是企图谋反。当另一位抗金元帅韩世宗去质问秦桧岳飞造反有什么证据的时候，秦桧原话："飞子云与张宪书虽不明，其事体莫须有。"大概意思是岳飞命令他的儿子岳云和他的部将张宪谋反的罪证还不明确，这件事情可能有，也可能没有"。可能大家也看出问题，如果秦桧要陷害岳飞，难道连罪证事先都不准备好吗？他的这种说法连韩世宗这样的莽夫都不相信，又怎么能令天下人信服？岳飞当时声望特高，秦桧何以这样无中生有而毫无顾忌？是秦桧白痴吗？

《宋史秦桧传》记录：宋徽宗政和五年登第，补密州（山东诸城）教授，曾任太学学正。北宋末年任御史中丞，与宋徽宗、钦宗一起被金人俘获。南归后，任礼部尚书，两任宰相，前后执政 19 年。秦桧早年及第，一手好书法外加一手好文章，为人极尽刁专，行事谨慎狠毒，正因为这样，他才能执政 19 年。一个这样的人要做一件事情，他能连一点准

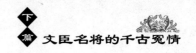

备也没有吗？他竟然能说出个"莫须有"来，你不觉得奇怪吗？史书说秦桧嫉妒岳飞，为什么嫉妒？因为岳飞阻挡他议和，我想说议和是皇上的事情，轮不到岳飞反对，当时反对议和的大臣众多，无论文臣武将职位比岳飞高的比比皆是，当时的张俊赵鼎那一个不比岳飞有分量？秦桧为什么要单单嫉妒岳飞呢？翻遍史书也没有片字记载秦桧和岳飞不和的言语，他们之间根本没有任何仇恨，秦桧为什么单单要害他？于情于理说不过去。其实秦桧的莫须有已经告诉了我们答案：真实意思是想告诉韩世忠——岳飞有没有罪我也不清楚，反正也不是我想杀他。这和后来秦桧墓发掘的一样物证相吻合，现已出土的秦桧手书清楚写着杀害岳飞非他本意，这不排除秦桧的狡诈，但我想一个人如果一生为恶颇多，还在乎杀害一个岳飞？还用得着在自己的棺材里写上这个？他想证明给谁看？给后人看？所以，我倾向于秦桧手书的真实性，他的确有可能是替人背黑锅。那究竟谁想杀害岳飞？答案似乎只有一个，那就是皇帝赵构，因为别人无力也无理杀害岳飞。

史书通常记载，宋高宗赵构害怕岳飞打败金国，接回他的父亲和哥哥，因而他的皇位不保，更因为赵构继位没有任何诏书，完全是自己封自己为皇帝，因此他十分担心，看表面似乎很是合情合理，但实际情况呢？但仔细看看历史，我们不难发现，赵构发12道金牌召回岳飞的时候，他父亲徽宗已经死了好几年了，根本不可能对赵构的皇位构成任何威胁。虽然还有个哥哥钦宗在，可是兄弟之间，立嫡以贤，他哥哥把江山治理得一踏糊涂，自己都给抓去了，还有什么"贤"可称？民意之中也根本没拿宋钦宗当回事，即使他哥哥有意回来做皇帝，那么他也没那个能力，首先天下民意就不支持他。更何况他哥哥还一再托人给赵构捎信儿表忠心，说：你只要把我弄回去，我当个平头老百姓就知足了，绝不和你争天下。这些话《宋史》《金史》都有记载。也许还有人说赵

构杀岳飞是因为岳飞反对议和，是铁杆主战派。但是我们都明白"能战方能言和"，不能打你连谈和的机会都没有，这个道理赵构不可能不懂，而且他也是这么做的。《宋史秦桧传》记载："始，朝廷虽数遣使，但且守且和"。这证明赵构一边和谈一边加紧防范，可是结果却是他杀害了岳飞，他怎么可能单单为了和谈而自废武功？如果岳飞抗命私自出兵破坏和谈，那么杀了也还说得过去，可是岳飞当时已经乖乖地收兵回来交了军权。为什么还要杀他呢？当时和岳飞齐名的抗金明将韩世忠也是坚决主战的，赵构把他和岳飞一起召了回来，却只罢了岳飞的军权，而韩世忠仍然是高官厚禄，过着幸福的腐败生活。为什么赵构会单单这样"照顾"岳飞呢？难道是他们以前的关系就不好？事实却不是这样。让我们先看看岳飞和赵构的来往经历。

赵构第一次认识岳飞的时候是在他刚刚登基的那一年，那个时候岳飞还是个小官，手下不过300人，相当于现在的一个连长。但当时岳飞就很有远见，他竟然越级直接给赵构写信，这在今天都是了不得的事情，何况当时。岳飞在信中这样说："臣愿陛下乘敌穴未固，亲率六军北渡，则将士作气，中原可复。书闻，以越职夺官归。"意思是我请求陛下乘敌人内部未稳（当时金国内乱）御驾亲征，北渡黄河，这样就可以士气大振，可以恢复中原，我愿意冲锋陷阵，亲自带兵杀敌"。岳飞写这封信的初衷其实就是毛遂自荐，那意思，我很厉害，就是官太小，你要是给我点兵力，我就可以打败金国。赵构当时想想觉得很可笑，一方面他认为岳飞敢于直言上书请命杀敌他很欣赏，一方面对他越级上报有很恼火，于是罢了他的官，但这件事情给赵构的印象很深，使他深深的记住了岳飞这个人。这件事情也说明一个问题，岳飞血气方刚，内心很狂妄，他之所以越级上书，其实就是他根本瞧不起他的上司。

岳飞被罢官以后，重新以一个士兵的名义投奔张所，从头开始干起。张所也很给他机会，于是由于岳飞身先士卒、勇敢顽强、军纪严明、屡立战功，三年以后竟然被升，是所有高级将领中最年轻的一个（这时的岳飞才 26 岁），于是得到了赵构的接见。赵构见面还认识岳飞，他也不计前嫌，亲自破格提升了他，授镇南军承宣使、江南西路沿江制置使，又改神武后军都统制，仍制置使，李山、吴全、吴锡、李横、牛皋这伙人都归岳飞率领。这时候的岳飞已经很了不起了，不仅如此，而且还亲笔题字"精忠岳飞"，还叫人把这四个大字制成旗子，亲自授予岳飞。

宋史记载，第二年，"兀术、刘豫合兵围庐州，帝手札命飞解围，提兵趋庐，伪齐已驱甲骑五千逼城。岳字旗与精忠旗，金兵一战而溃……"这时的赵构已经把岳飞看做自己的嫡系了，常常越过中央军委国防部，自己亲自写命令给岳飞，可见对他的信任程度多高了。岳飞也真给他挣面子，把金兵打了个稀里哗啦。又过了一年，"入觐，封母国夫人，授飞镇宁、崇信军节度使，湖北路、荆襄潭州制置使，进封武昌郡开国侯。"28岁就是侯爵了，相当于现在的一个大军区司令员，母亲也封了国夫人。这还不够，"飞以目疾乞辞军事，不许，加检校少保，进封公。"岳飞说眼睛有毛病，不想带兵了，赵构不但不许他辞职，而且加官进爵，几个月之中就由侯爵提拔到公爵，可以说是少有的殊荣。由此可见赵构对岳飞是多么的器重。细心的人一定能看出来，岳飞在这个时候怎么要以眼睛有病为理由辞职呢？

又过了一年，"飞入觐，面陈：襄阳自收复后，未置监司，州县无以按察。帝从之，以李若虚为京西南路提举兼转运、提刑，又令湖北、襄阳府路自知州、通判以下贤否，许飞得自黜陟。"由此可见，当时湖北的大小官员由岳飞随意安置。看来赵构是真信任岳飞，不怕岳飞乘机安插私人势力，更没有怀疑岳飞会造反。"居母忧，降制起复，飞扶榇还

庐山，连表乞终丧，不许，累诏趣起，乃就军。"这句话意思是岳母死了，岳飞说我要守灵，暂时先不干了，赵构一听急眼了，连下四道诏书，告诉他，不行，一定要坚持革命到底，可见赵构早已把岳飞当做嫡系来培养，不难发现，岳飞又一次想辞职。

又过了一年，"入见，帝从容问曰：卿得良马否？飞曰：臣有二马，日啖刍豆数斗，饮泉一斛，然非精洁则不受。介而驰，初不甚疾，比行百里始奋迅，自午至酉，犹可二百里。褫鞍甲而不息不汗，若无事然。此其受大而不苟取，力裕而不求逞，致远之材也。不幸相继以死。今所乘者，日不过数升，而秣不择粟，饮不择泉，揽辔未安，踊踊疾驱，甫百里力竭汗喘"意思是说赵构没事经常找岳飞聊天，岳飞的好马死了，赵构下令全国为岳飞选马，可见他们的私人感情也特别的要好。选马之后赵构又下诏："拜太尉，继除宣抚使兼营田大使。从幸建康，以王德、郦琼兵隶飞，听飞号令，如朕亲行。"太尉相当于今天国务院副总理、军委副主席、书记处书记、政治局委员，又给了他三只人马，并且还让下面的官员像服从自己一样服从岳飞，信任已经到了无以复加的地步。

在以后的数年之中，赵构还是不停的给岳飞加官进爵，武将之中他的官最大，到了岳飞38岁那年，"帝赐札曰：设施之方，一以委卿，朕不遥度。"这意思就是说，你想怎么干就怎么干，你做什么我都不反对，一切事情你自己拿主意，不必上凑。翻翻历史可能没有一个皇帝会对一个武将如此信任了。但也就是在这年的四月，史书记载"夏四月韩世忠、张俊、岳飞相继入觐。壬辰，以世忠、俊并为枢密使，飞枢密副使，五月遣张俊、岳飞于楚州巡视边防。"朝见皇帝以后，这抗金三大元帅之中韩世忠、张俊进了中央政治局，而岳飞只混了个候补，看来赵构和岳飞

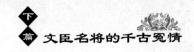

的关系开始冷却了。

　　我们所熟知的岳飞的死因大都是这样，秦桧嫉妒岳飞屡建奇功，一心要跟大金国讲和，唆使皇帝以莫须有的罪名杀害了岳飞，而皇帝同意杀死岳飞的原因竟然是害怕岳飞打败金国，迎回二圣（其父宋徽宗、其兄宋钦宗），自己的皇位不保。表面看上去这些理由似乎很合理，但我们深究下去就会发现谜团重重。

北宋名妓李师师：一代名妓归宿之谜

宋徽宗与李师师，一个皇帝，一个妓女，贵贱悬殊，其情事也必涉及国事，有关她的传闻，不免有许多臆测和讹传的成分，因而她的归宿究竟如何，恐怕永远是难解之谜了。

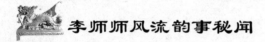

李师师风流韵事秘闻

一代名妓李师师和北宋君主的风流韵事，传说很多，散见于南宋以来的多种笔记、小说，其中以无名氏的《李师师外传》和张端义的《贵耳集》，比较详细、真切。

据《李师师外传》记述：李师师，北宋汴京人，是一个洗染工的女儿。

按当时的汴京风俗，父母喜爱的儿女，就送到佛寺去挂个出家的名儿，叫做"舍身"。师师小时也舍了身，当时习惯称佛门弟子为"师"，所以父母就疼爱地叫她"师师"。

师师4岁的时候，父母双亡，一个后来称做李姥姥的烟花女子收养了她。

师师长大以后，色艺双绝，在汴京各教坊中名列第一。宋徽宗赵佶是一个风流天子，他不理朝政，却热衷于琴棋书画、声色狗马，听说李师师艳绝一世，就想见见她。

第一次见面的时候，徽宗叫太监张迪送去许多袭衣、彩缎、珍珠、金银，假称是大商人赵乙，李师师让他等了好久，直到深夜才接见他，态度傲慢，露出不屑一顾的样子。徽宗问她年纪，她不答；再问，她把座位移得远远，取下瑶琴，自个儿弹了三遍，鸡就叫了，徽宗只好悻悻地离开。这是大观三年（1109年）八月十七日的事。

李姥姥对她说："赵客人礼仪不薄，你怎能这样冷淡？"

师师说："不过是个金钱的奴仆罢了，我为什么要敷衍他？"

不久，街头巷尾就传出了皇帝到过李家的新闻，李姥姥听了，吓得半死，流着眼泪对师师说："要是真的，就要满门抄斩了！"

师师说："不要怕，他既然肯来看我，又怎会忍心杀我？逛妓院的事，皇上一定很忌讳，决不会公开办理的。"

果然，赵佶不曾见怪，春节的时候，还送来了一张蛇跗琴和一些白金。后来，他们就交往起来了。

师师喜欢的，徽宗都喜欢；师师需要的，徽宗都备办。他们一会儿弹琴，一会儿下棋，一会儿写字，一会儿作画，愉快极了。

这年九月，赵佶还画了一幅题为"金勒马嘶芳草地，玉楼人醉杏花天"的画，送给了她。

为了来往方便，赵佶以治安保卫为名，修了一条通道，直通李家，

叫做"潜道"。从此，赵佶同师师来往，就不会再闹得沸沸扬扬了。

有一次，宫内宴会，嫔妃云集，韦妃悄悄地问赵佶："是个什么样的李家姑娘，陛下喜欢得那样!"

赵佶说："也没什么。要是你们穿上一样的衣服，同师师杂在一起，就马上会显示出一种明显的差别，那一种幽姿逸韵，完全在容色之外。"

后来，徽宗把皇位让给钦宗，自号"道君教主"，退居太乙宫，同师师的见面就少了。

《贵耳集》为南宋张端义作所，其中记载了一段涉及著名词人周邦彦的风流韵事。

有一次，赵佶到李师师家，正碰巧著名词人周邦彦也在那里。周邦彦听说皇帝来了，赶忙躲到床下回避。赵佶并不知道，自己带来几只江南进献的新鲜橙子，边剥边吃，同师师说了一会儿悄悄话，就离开了。

周邦彦当时吓了一身汗，从床下爬出，又觉好笑。后来，他把这段所见所闻，填了一首词，叫做《少年游》：

并刀如水，吴盐胜雪，纤指破新橙。锦幄初温，兽香不断，相对坐吹笙。

低声问：向谁行宿？城上已三更。马滑霜浓，不如休去，直是少人行。

后来，赵佶又到李师师处，问她有什么新词？师师说：有，就唱了一曲《少年游》。赵佶听了，好生奇怪，这言语，这细节，分明是那日同李师师相见的情景。又问是谁写的，师师说是周邦彦。徽宗勃然大怒，拂袖而归，他找到丞相，说："开封府有个叫周邦彦的监税官，税没交足，你们为什么不捉拿法办？"

丞相一查，周邦彦的税早交足了，但因为皇帝要办，就以职事废弛为名，糊里糊涂地判他罢黜官职，驱出京师。

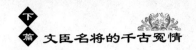

隔了几天，赵佶又到了李师师家，师师不在，坐到更初，才见师师回来，愁眉泪眼，憔悴不堪。

问："哪里去了？"

答："送周邦彦出京。"

问："有没有作词赠别？"

答："有《兰陵王》一首。"

赵佶强压着妒忌的火，说："唱一遍听听。"

师师也强敛愁容，佯装笑脸，咿呀地唱起来。

柳阴直，烟里丝丝弄碧。隋堤上、曾见几番，拂水飘绵送行色。登临望故国，谁识京华倦客？长亭路、年去岁来，应折柔条过千尺……

那缠绵悱恻的情，那抑郁无告的怨，随着那婉传的歌喉，幽幽咽咽地泻出。赵佶那焚烧了许久的无名妒火，早已被词里拂尘似的柳枝儿，拂扫得烟消云散了。他不禁惭愧了起来，回宫之后，下了一道诏书，把周邦彦召回。因为周邦彦善于填词谱曲，还提拔他当了个"大晟乐正"的官。

对这两则故事，人们提出了许多疑问。

首先是这件风流韵事的有无？

其一，周邦彦生于 1056 年，死于 1121 年，活了 65 岁。赵佶同师师的交往开始于大观三年，即 1109 年。而此后的周邦彦，至少是 53 岁了。在那样一个人寿不丰的年代，周邦彦以 53 的高龄，再到妓院去厮混，恐怕没这个道理。

其二，北宋词人最早提到师师的是张先。相传，他的《师师令》就是为李师师而作。与张先相先后的词人晏几道、秦观也曾在词里咏叹过师师。张先去世于熙宁十年（1077），那时师师至少也应有十五六岁，到大观三年，就应该至少有四十七八岁，这同周邦彦的年龄大体相当，但

生于 1082 年的徽宗赵佶，这时只有 27 岁，不论他如何贪欢好色，也决不会肯同一个母亲辈的老妇来往吧。

其三，考周邦彦的历史，没有当过开封府税监这类小官；考宋朝的职官制度，也没有"大晟乐正"这个官职。

但是，多数研究者仍然相信这段风流公案存在。因为：

第一，这段故事流传得比较广泛，除了文人记述外，还有大臣公开上章，批评皇上不该动辄"轻车小辇"溜出宫外胡闹，这也委婉地旁证了这一事实基本存在。况且，张端义、周密等人都是有一定地位和深于掌故的人，年代离周邦彦不算太久，记述当有所根据。

第二，天下同名的女子甚多，张仙、晏几道、秦观等人所见的熙宁时代的师师，不一定是宣和时代赵佶、周邦彦所交往的师师。因此，以张先词来推断宣和师师的年龄，可能犯了张冠李戴的错误。

第三，宋代词人大都常在妓院厮混，《宋史》说周邦彦行为"少检，不为州里推重"，足见其生活作风并不严谨，认为他到了五六十岁就不会出入妓院，实属迂腐之见。

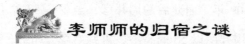

李师师的归宿之谜

李师师是北宋末年冠盖满京华的名妓，她的事迹虽不见于正史纪传，但在笔记野史里却也够热闹的，成为宋徽宗时期的一个风流人物。那么，北宋亡国后，这位风尘女子的下落如何呢？笔记野史中也众说纷纭，其

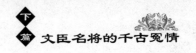

遭际悲凉透心。

一位名妓与天子有关系,其地位之腾起就不言而喻了。《瓮天脞语》载有:"山东巨寇宋江,将图归顺,潜入东京访李师师"等语。连水泊梁山的好汉们,为了招安都要找李师师帮忙,可见她当时在东京的风光程度了。加上其风姿绰约、慷慨大度,琴棋书画无一不通,人称"飞将军"。甚至有人说,后来宋徽宗干脆把她召进后宫,册封为瀛国夫人或李明妃。查风流天子徽宗的嫔妃,确要比其他皇帝多,在政和年间就"册妃至六七人",如政和六年(1116)仅贵妃就有四名,为两名王氏和乔氏、崔氏,其中并不见有"李明妃"。不知是史载有漏,还是后人故意锦上乱添花。不过这点是可以肯定的,就是李师师深受宫廷宠信,社会地位日隆,生活条件优裕,且积累有相当私有财产,这在歌妓中是少有的。

然而好景不长。宋徽宗慑于金兵的淫威,禅位给太子宋钦宗,自己慌忙南逃,后又躲进太乙宫,号称道君教主,不理天下政务,李师师失去靠山。

据《三朝北盟会编》载,靖康初(1126)钦宗为搜括金银财宝以向金人乞和,居然下旨籍没了李师师等"娼优之家"的家产。也有记载说她自知难逃抄家之灾,时值金兵侵扰河北,"乃集前后所赐之钱,呈牒开封府,愿入官,助河北饷",并自乞为女道士。(《李师师外传》)无论是抄家籍没家产,还是自愿缴纳入官,经过这次浩劫,李师师几乎一贫如洗,地位自然也一落千丈,真所谓从天上落到人间。而随着北宋王朝的灭亡,她更为凄惨的命运还在后面。

《李师师外传》这样描写:金兵攻破北宋都城,烧杀掳掠,无恶不作。金兵主帅还点名索要李师师,声称金国君主也听说了她的名声,一定要得到活人,以进献金主。然而追查了几天,都还没有线索。奸臣张

邦昌为讨好金兵，帮助搜寻李师师的踪迹，终于将她献到金营。金营摆出宴席为师师接风，而师师对张邦昌骂道："你们得到高官厚禄，朝廷哪点对不起你们，为什么事事帮敌人来危害国家？我蒙皇帝眷宠，宁愿一死，别无他图。"乃脱下金簪刺喉自杀，没有马上咽气，又折断金簪吞下，才气绝身亡。此结局，李师师不甘凌辱，颇有侠士风度，得到后世通俗小说和一些文人的称道。一些史学家却持有异议，如邓广铭《东京梦华录注》称"一望而知为明季人妄作"。但其描写的历史背景却是真实的。如《靖康纪闻》载：那些被官府搜捕到，并送往金营的各色妇女，对着这些卖国的官吏斥骂道："尔等任朝廷大臣官吏，作坏国家至此。今日却令我辈塞金人意，尔等果何面目！"当然，李师师的这个结局是否真实，已不可考。但写作这篇传奇小说的作者，至少是在借李师师之死来鞭挞奸臣之罪恶，抒发亡国之感慨。

有人或说，她被金兵俘获后，押解北上，一路上受尽折磨，苦不堪言，容颜憔悴，求死不得，只能嫁给一个病残的老军士为妻，最后凄凉悲惨地死去。清人的《续金瓶梅》等书皆宗其说，这一说法有没有根据呢？汴京失陷后，金人除大肆掳掠外，还乘机要挟，大量索取金银、宫女、乐工，乃至妓女。而开封府官员竟也可耻地追捕宫女、妓女，捕至教坊选择后押送往金营，络绎不绝，哭声遍野，惨不忍闻。《靖康要录》卷十五记：金人"胁帝传旨取……教坊乐工四百人……又取内人、街巷子弟、女童及权贵戚里家细人……凡千余人，选端丽者。府尹悉捕诸娼于教坊中，以俟采择，里巷为之一空……粉黛盛饰毕，满车送军中。父母夫妻相抱持而哭，观者莫不嘘欷陨涕。"最后，金兵在汴京掠走成千上万名各色俘虏。在这种情况下，金人或会指名追索李师师，官府也会帮助搜索，然而她是否被官府捕着，却很难下结论。许多人认为她应该没有被官府捕着，也未被押往金营。按照一般的逻辑推理，师师在被抄家

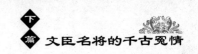

后，其自身的地位与国家的势态均已非常不妙。这时李师师惟一的出路只有藏匿于民间，大多会随着难民离开京城，从而开始了她历尽艰辛的南方流浪生涯。

中州词人朱敦儒也是逃难到了南方，他曾在一次宴会上听到师师的歌声。激动而感慨地写下了这首《鹧鸪天》：

> 唱得梁园绝代声，前朝惟有李夫人。
> 自从惊破霓裳后，楚奏吴歌扇底新。
> 秦嶂雁，越溪砧，西风北客两飘零。
> 尊前忽听当时曲，侧帽伫杯泪满巾。

其"李夫人"就是对师师的尊称，同在异乡为异客，"忽听当时曲"，怎不令人"泪满巾"呢。南宋张邦基《墨庄漫录》称，靖康间，李师师与同辈赵元奴诸人流落到浙江，"士大夫犹邀之以听其歌，然憔悴无复向来之态矣"。宋人评话《宣和遗事》是说，师师南下流落到湖湘，嫁作商人妇，过起寂寞无闻的日子。宋刘子翚《汴京纪事诗》也有"辇毂繁华事可纷，师师垂老过湖湘，镂金檀板今无色，一曲当年动帝王"的诗句。所以明代梅鼎祚《青泥莲花记》说，"靖康之乱，师师南徙。有人遇之湖湘间，衰老憔悴，无复向时风态。"清人陈忱《水浒后传》记述了师师来到临安（今杭州），仍操旧业的故事。都沿袭上述说法而来，应该说师师晚年在南方的说法较为合乎情理。

当然，富于传奇色彩的李师师，由于其身世不记于正统史籍之中，而笔记小说中的有关传闻，难免有讹传和臆测之处，因此她的晚境究竟是如何度过的，恐怕永远是一个谜了。

总之，金人南下，事起突然，师师以一介弱女子，在兵荒马乱之际，

什么情况都可能出现，"殉难说"似乎美化了师师，也美化了她和徽宗赵佶的爱情，然而事实却未必不如此；"落难说"比较符合当时战乱生活的特点，却没有可靠的资料作根据；南渡是当时略有资财的人的最佳选择，以师师之聪慧，大略会作这种选择吧，然而，这也只是一种合情合理的推想。

如果南宋的文人学士也只是利用了这种合理的推论，那么，李师师的晚境及结局，就仍然是一团未知之谜了。

李师师的情人

李师师的传闻资料不是很多，大多数人对她的了解，都是通过《水浒传》中，水泊梁山的众多好汉被招安的那一段故事中的情节。再一个就是她与宋朝徽宗皇帝之间的风流韵事。据说水泊梁山好汉们被招安时，宋江就是找到李师师，让她从中斡旋，最后李师师在宋徽宗与宋江之间作出了大量的工作，促成招安致使水泊梁山众多好汉死于非命。另外李师师和宋徽宗有着千丝万缕的关系，所以对于她后来的传闻具有神秘和传奇般的色彩，而且还有着许多另人不解的谜团？

李师师当时在宋朝的汴京城名声远播，公子王孙文人雅士，包括朝中命官都想一睹芳容，甚至想拒为己有。李师师名满京城寻常人难得一见，李师师与宋徽宗相识，还是当时经常出入妓院的高俅从中引见，当时高俅就经常和李师师有来往，高俅怕宋徽宗的身份被暴露，所以经过化装，李师师和宋徽宗一见面，宋徽宗就暗暗的欢喜，虽贵为皇帝还是第一次见到如此有气质的女人。李师师见到高俅对宋徽宗必恭必敬，高俅也是有身份之人，李师师就觉得宋徽宗大有来头，李师师是何等聪明自然看出其中的端倪，随即使出手段，百般的奉承和挑逗。宋徽宗满心欢喜。至此宋徽宗时常惦记李师师。也没有心思打理朝政，后宫的嫔妃们他也都看不上眼了，在他的心里没有人能够比得上李师师。所以他时常以体察民情为由和李师师约会。李师师与宋徽宗的关系越来越密切，在宋徽宗的支持下，李师师大兴土木为自己建造豪华别墅。据说李师师的有名的别墅"醉幸楼"三个字的牌匾还是宋徽宗亲自题写的。格外的醒目不但题写了牌匾，还专门为李师师画了一幅"百骏朝阳图"挂在李师师的客厅之内。有了醉幸楼为李师师与宋徽宗经常在一起提供了方便。这些引起了朝中正直大臣的反对，可是有高俅等人的支持，宋徽宗越来越放纵，根本不听从劝阻。后来宋徽宗被俘。出现了徽钦二帝的靖康之耻，李师师流落到湖广一带，据说当时的生活及其困难，不得不从操旧业。

李师师为北宋时期的名妓，对于她的风流韵事传闻很多，曾经与朝中大臣周邦彦曹冲都有来往，他们都是李师师的常客，除了经常在一起切磋诗文，而且还经常在一起鬼混。有一个官员武功员外朗叫贾谊，风流倜傥而且武艺超群，他也是李师师的常客，自从李师师与宋徽宗经常在一起寻欢作乐，他就吃起醋来，并且写了一首词。没想到这首词竟然落到宋徽宗的手里，宋徽宗大怒，下令将贾谊处死，幸好贾谊有一个好朋友冒死求情，宋徽宗才免了贾谊的死罪，并把它贬为小官，永远不准回到京城。

《水浒传》中对李师师的描写并不多，主要是宋江想通过李师师作为中间人，来与宋徽宗接触，致使梁山好汉被朝廷招安。李师师在《水

浒传》中是最后决定梁山好汉最终命运的关键人物之一。但是这是一个悲剧。

李师师可谓是《水浒传》中漂亮女人的最大的亮点，其他的如潘金莲阎惜娇和潘巧云等与她相较起来都逊色很多。

李师师，这个京城名妓，烟尘中奇女子，不仅拥有美貌，更有智慧，所以她能成为京城头牌名妓是不无道理的，更能将那宋徽宗迷得神魂颠倒。为了见师师而挖一个地道，真是让人觉得很好笑啊。按理说宋徽宗除了治理国家无能外，他在"琴棋书画剑、诗歌茶酒花"方面可谓都有很高的造诣的，那么，由此可见，李师师能够吸引宋徽宗绝非靠美色，而是她在文艺这些方面也必然有超然的水平，否则如何能够跟他谈到一块呢。

从《水浒传》中，燕青去拜访李师师时，燕青首先听到的是她的琴音，然后琴音停了，燕青脱口而出两句诗，也是靠这两句诗而见到了李师师。由此可见李师师不仅琴艺高超，更会那诗词歌赋，想来也不是一般的水平。然后燕青弹了一首《十面埋伏》更是打动了她的心。

然后就是宋江得以来见李师师，她亲自沏茶与他们喝，宋江竟然闻一闻茶就能说她这个茶是苦的，因为沏茶的人心里是苦的。那个阎惜娇棋艺不精却要强与他下棋，那么如何能够下的下去呀，所谓棋逢对手才可对弈啊，不是一个层次水准的人在一起下棋，对于高手来说真是很痛苦的事。

接着宋江赋词一首做自我介绍，李师师一下子就听出来并说出他就是宋江了，可是聪慧至极啊。话说这么聪明的女子，又有美貌，老天也是嫉妒啊，所以她竟是烟花女子，唉，可叹可叹，没有完美的人生么。

话说李师师不仅有智慧，更懂大义，这才是她值得赞叹之处。当她爱上了燕青，就假说与燕青拜姐弟，实际上是行夫妻之大礼，想来燕青

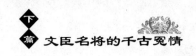

那么绝顶聪明之人又怎能不知呢。之后再见到皇帝的时候就直接说请皇帝以后不要再见她了，这可是多厉害的言辞啊，世间有多少女子尤其是后宫佳丽是多么的期盼着有生之年能见一次皇帝的呢，而她却不要再见皇帝了，这份情义还能说她不懂爱吗，还能说什么妓女无情吗，还能说她不忠贞吗？即使是她是烟花女子，即使皇帝对她情义浓浓，她毅然的去做作为燕青妻子的本分之事。接着就是她的义举，她将皇帝赐予她的所有东西都变卖捐与前方军队。

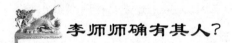 **李师师确有其人？**

梁山泊一向是"盗贼"渊薮？

梁山泊，文献也作梁山泺，是《水浒》赖以展开的主要场景。小说描写道："济州管下的一个水乡，地名梁山泊，方圆八百里"，"紧靠着梁山泊，都是茫茫荡荡芦苇水港"，"须用船去，方才渡得到那里"。历史上的梁山泊究竟风貌如何呢？

梁山原名良山，据说因西汉梁孝王曾在这里打猎，故而改称梁山。梁山以南原是大野泽旧地，其北则与黄河下游平原相连。五代后晋开运元年，黄河在滑州（今河南滑县东）决口，河水东漫数百里，积水环绕着梁山成为巨大的湖泊。北宋天禧三年，黄河再次在滑州决口，水泊面积继续扩大。庆历七年韩琦出知郓州，路过梁山泊，有诗写水乡泽国的浩森，与小说的叙述已能相互印证。

　　熙宁十年黄河在澶州（今河南濮阳）再度决口，注入梁山泊，湖水面积达到了最盛期。当时，梁山泊的生态环境十分和谐，荷花满望，渔歌和唱。苏辙路过当地，恍然有置身江南的感觉，写下了《梁山泊见荷花忆吴兴》的绝句:花开南北一般红，路过江淮万里通。飞盖靓妆迎客笑，鲜鱼白酒醉船中。

　　然而，据《邵氏闻见后录》说，其时恰逢王安石变法，急功近利，有个小人趋炎附势，迎合道:"把梁山泊八百里湖水放掉，建成农田，那获利可就大了。"安石见他尽出馊主意，一笑之后，慢悠悠地说:"这个办法好倒是好，不过，那放掉的水哪里安顿呢?"有人讽刺道:"在旁边再凿一个八百里的湖，不就可以了!"有人以为这是反变法派编造的政治笑话，但这一动议似乎不是空穴来风。苏辙还写了一首《梁山泊》诗，自注指出"时议者将干此泊以种菽麦"。

　　可见，那个故事还是有相当的真实性，而梁山泊在熙宁河决口以后方圆达八百里更是无可怀疑的。

　　北宋晚年，梁山泊一向被视为"盗贼"的渊薮。元元年前后，有个叫做黄麻胡的在这里闹事，芦苇荡成了他的保护屏障，即便县老爷派人竖起长梯以"窥蒲苇间"，也久剿无效。

　　据《夷坚志·蔡侍郎》说，蔡居厚知郓州时，"有梁山泺贼五百人受降，既而悉诛之"。蔡居厚是政和八年由郓州卸任的，杀降还要早于这年，有人认为他杀的就是宋江等人，根据似乎不足，因为宋江受招安已是宣和元年。包括杀降在内的这些措施，治标不治本。只要社会基本矛盾不解决，梁山泊的"盗贼"问题也只会愈演愈烈。果不其然，大约在蔡居厚杀降的一二年后，宋江便在这里演出了威武雄壮的活剧。

　　入明以后，梁山泊陆地化趋势加快，到景泰元年前后，方圆仅剩八十里左右了。景泰六年，明代对黄河沙湾决口进行了较彻底的整治，遂

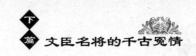

使余下的八十里湖水也涸为平陆。清修地方志时，仅余十里上下，以至颇有人以为《水浒》所叙八百里水泊在夸大其辞。

自从《水浒传》传世，梁山泊简直成了造反民众的一方圣地。据《明史》记载，直到崇祯十四年，还有"大盗李青山众数万，据梁山泺"，派部控扼漕运通道，"截漕舟，大焚掠"。无独有偶，这次反叛也发生在王朝末世，李青也自称"非乱也"。联系上一年山东大饥荒，李青手下那数万民众应该是又一次逼上梁山的。这不禁让人想起元代陆友在《题宋江三十六人画赞》中的诗句：

> 我尝舟过梁山泺，春水方生何渺漠。
>
> 或云此是石碣村，至今闻之犹祛魄。

对那些把人民逼入死地的统治者来说，梁山泊，让他们时时感到丧魂落魄，心惊胆裂。

李师师专情词人周邦彦？

李师师在历史上确有其人，与宋徽宗也真有过一段风流情。但《水浒》中的李师师基本上是小说家的虚构。

据《宣和遗事》，李师师是汴京染局匠王寅的女儿。在襁褓时，她的母亲就死了，父亲用豆浆当奶喂养她，才活了下来。当时东京风俗，父母疼孩子，就将其舍身佛寺。王寅也让女儿舍身宝光寺。到佛寺舍身时，小女孩忽然啼哭起来，僧人抚摩其头顶，她立即止住了哭。她父亲暗忖："这女孩还真是佛弟子。"俚俗呼佛弟子为师，父亲就叫她师师。师师四岁时，王寅犯事，死在牢中。因无所归依，隶籍娼户的李姥收养了她，就改姓了李，也入了勾栏娼籍。南渡初年朱敦儒有诗云："解唱《阳关》别调声，前朝惟有李夫人"，说的就是李师师。另据南宋刘学箕

说，她似乎还有一个艺名，叫做白牡丹。

据张邦基《墨漫录》说："政和间，李师师、崔念奴二妓，名著一时"。可见政和年间，李师师已经走红。当时，诗人晁冲之正值年少，每有会饮，经常招她侑席。其后十余年，冲之再来京师，李、崔两人"声名溢于中国"，而师师"门第尤峻"，像他这样的人已无缘叫局而一亲芳泽了，只得写了两首诗酸酸地"追往昔"。诗中描述李师师居所环境是"门侵杨柳垂珠箔，窗对樱桃卷碧纱"，"系马柳低当户叶，迎人桃出隔墙花"，可以想见她的金钱巷住宅门前有株垂柳，柳条的枝叶几乎正对垂着珠箔的门帘，隔着围墙有一株樱桃掩映在碧纱窗上，花枝伸出围墙，似乎在欢迎来客。其诗以"看舞霓裳羽衣曲，听歌玉树后庭花"来形容师师的歌舞技艺。他当然不知道：宣和年间李师师"门第尤峻"，与徽宗的垂青是大有关系的。

徽宗从何时起喜欢上了李师师？据史书记载，政和六年，"微行始出"，"妓馆、酒肆亦皆游焉"。从此，徽宗经常乘上小轿，带几个贴身内侍，微服出行。还专门设立了"行幸局"，来为微行张罗忙碌和撒谎圆场。当时以排当指宫中宴饮，于是，微行就谎称有事；第二天还未还宫，就推脱说有疮疾不能临朝。大约宣和元年，有一个叫曹辅的耿直谏官，已在给徽宗的奏疏中挑明："易服微行，宿于某娼之家，自陛下始"。这个某娼，显然是指李师师。由此推断，宋徽宗与李师师的关系开始在政和六七年间，到宣和初年已是路人皆知了。

以李师师的色艺，在徽宗加入进来以前，绝不缺少捧角的名人。当时就有两个邦彦经常出入其家，一个是后来被人称为浪子宰相的李邦彦，另一个就是擅长音乐的著名词人周邦彦，当时他正提举大晟府。师师曾对他很专情。

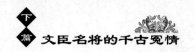

宋代女词人李清照：晚年改嫁有悬问

李清照才华横溢，其词清丽婉转，独辟门径，历代学者无不折服。清人李调元称赞她："词无一首不工，其炼处可夺梦窗之席，其丽处直参片玉之班，盖不徒俯视巾帼，直欲压倒须眉。"但是，这位中国历史上最负盛名的女词人，晚年是否改嫁张汝舟一事，却使人们长期争论，难下断语。

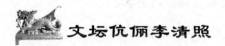

文坛伉俪李清照

李清照少女时，词名已轰动京师，引得太学生赵明诚为她大做相思之梦。当时，她的父亲李格非在京城做官，和赵明诚的父亲赵挺之是同事，两家的关系本来就比较密切。

元伊世珍《琅嬛记》载："赵明诚幼时，其父将为择妇。明诚昼

寝，梦诵一书，觉来唯忆三句云：'言与司合，安上已脱，芝芙草拔。'以告其父。其父为解曰：汝待得能文词妇也。'言与司合'是'词'字，'安上已脱'是'女'字，'芝芙草拔'是'之夫'二字，非谓汝为'词女之夫'乎？后李翁以女女之，即易安也。"

李清照结婚时 18 岁，赵明诚比她大 3 岁。赵明诚不但喜欢诗词创作，还酷好金石，惹得李清照对金石学也有了浓厚的兴趣，帮助丈夫考证、鉴别。由于赵明诚还是太学的学生，每月朔、望才能请假回来，尽管同在一个汴京城中，李清照仍觉得如隔迢迢云汉，半月一次的相逢，也当做一年一度的七夕。

有一年的上元佳节，正好也是赵明诚回家的日子，李清照女扮男装，随着赵明诚穿街过巷，游过全城中心大相国寺后，拣小吃，买泥人儿，大家闺秀出身的李清照第一次走上街头，自然是格外新奇，格外快活。

结婚两年后，赵明诚便被皇上委派到外地做官。有时是一年半载才得以见面。这一年农历九月初九重阳节，李清照独自在家，饮了几杯淡酒，不觉心潮涌动，诗兴大发，提笔写了一首《醉花阴》寄给丈夫：

薄雾浓云愁永昼，瑞脑销金兽。

佳节又重阳，玉枕纱橱，半夜凉初透。

东篱把酒黄昏后，有暗香盈袖。

莫道不销魂，帘卷西风，人比黄花瘦。

赵明诚读到词后，先是为情所感，后是为词的艺术力所激，发誓要写一首超过妻子的词。他闭门谢客，三日得词五十首，将李词杂于其间，请友人陆德夫评赏。德夫玩之再三，说："只三句绝佳。"明诚问他，答道："莫道不销魂，帘卷西风，人比黄花瘦。"正是李清照的作品。赵明诚听了叹道："我绞尽脑汁写的五十首《醉花阴》，却不及清照的三句啊！"

赵明诚题易安居士立轴曰："清丽其词，端庄其品，归去来兮，真堪携隐。"真切地表达了他对李清照的挚爱。

大约是 1108 年，赵明诚偕同 24 岁的李清照回到了家乡青州（今山东益都），隐居起来。他们把自己的书房称为"归来堂"，把内室称做"易安室"。在这里，他们远离了城市的喧嚣，得以静下心来搜集整理古籍文物，从容闲谈，坦然读书。经常是赵明诚搜集来金石书画，李清照帮助整理校勘，日子过得充实、愉快。闲暇之际，则作诗填词，赏花散步，或"指堆积书史，言某事在某书几卷几页几行，以中否决胜负，为饮茶先后，中即举杯，往往大笑，茶倾覆怀中，反不得饮而起"（《金石录后序》）。

在一个秋风萧瑟、桂子飘香的时节，友人刘跋约赵明诚到泰山访古，李清照帮丈夫打点好行囊，在一方锦帕上题《一剪梅》一阕送给丈夫。词曰：

> 红藕香残玉簟秋。轻解罗裳，独上兰舟。云中谁寄锦书来，雁字回时，月满西楼。
>
> 花自飘零水自流。一种相思，两处闲愁。此情无计可消除，才下眉头，却上心头。

赵明诚在路上读了此词，就把登泰山、访古碑的心思减了一半；人虽离家愈来愈远，心却愈来愈近，身还未到泰山，心却早已在计算归期了。

宋王朝经过 167 年"清明上河图"式的和平繁荣之后，金军南下，北宋灭亡。残存的皇族匆匆南逃，李清照在山东青州的爱巢也树倒窝

散，一家人开始过上漂泊无定的生活。夫妇二人沿长江而上向江西方向流亡，行至乌江镇当年项羽兵败自刎之处时，李清照面对浩浩江水，心潮起伏，想到朝廷只求苟安于江南，根本不想收复中原失地，吟下了一首千古绝唱：

> 生当作人杰，死亦为鬼雄。
>
> 至今思项羽，不肯过江东。

建炎三年（1129）五月，当赵明诚夫妇的船只漂泊到池阳（今安徽贵池县）时，突然接到皇帝的诏书，让他出守湖州。于是，赵明诚把李清照安置在池阳，独自奔赴建康。由于天气炎热，加上急着赶路，赵明诚在客栈里便因中暑而病倒了，等他赶到建康时，又转为疟疾。直到七月底，李清照才收到丈夫病倒的书信，她心急如焚，带着惊慌和忧虑，急流直下，一个昼夜便赶到了丈夫身边。而此时的赵明诚已经病入膏肓，危在旦夕了。

李清照整日以泪洗面，悲痛欲绝。八月十八日，赵明诚在病榻上写了一首绝笔诗后便撒手人寰。李清照时年46岁，从此，她孤苦伶仃，独自承担着国破家亡的漂泊生活。

1135年，金人再度南侵，李清照也再次流亡到了金华。国运维艰，愁压心头，有人约她到附近的名胜之地双溪，游玩散心，但她无心出游，作《武陵春》为答：

风住尘香花已尽，日晚倦梳头。物是人非事事休，欲语泪先流。

闻说双溪春尚好，也拟泛轻舟。只恐双溪舴艋舟，载不动，许多愁。

大约是绍兴四年，她终于把她丈夫的遗作《金石录》整理就绪。写完《金石录后序》的时候，已近黄昏，一行归雁急急地掠过长空，随后又淅淅沥沥地下起了小雨，一股孤寂、悲凉之情，禁不住从心底涌出。她吟道：

寻寻觅觅，冷冷清清，凄凄惨惨戚戚。乍暖还寒时节，最难将息。三杯两盏淡酒，怎敌他，晚来风急。雁过也，正伤心，却是旧时相识。

满地黄花堆积。憔悴损，如今有谁堪摘？守着窗儿，独自怎生得黑？梧桐更兼细雨，到黄昏，点点滴滴。这次第，怎一个愁字了得！

凄凉，索漠。她大约在一个人所不知的日子里，走完了她七十多年的人生。

因为李清照是当时的词坛名人，所以，关于她的改嫁，宋人多有记载。

最早的记载见于胡仔的《苕溪渔隐丛话》，该书成于宋高宗绍兴十八年，他说："易安再适张汝舟，未几反目。有《启事》与綦处厚云：'猥以桑榆之晚景，配兹驵侩之下材。'传者无不笑之。"（《苕溪渔隐丛话》前集卷六十）

王灼《碧鸡漫志》卷二载："赵死，（易安）再嫁某氏，讼而离之。晚节流荡无归。"

洪适在《金石录跋》中说："……绍兴中，其妻易安居士李清照表上之。赵君无嗣，李又更嫁。其书行于世，而碑亡矣。"该文见于《隶释》卷二十六。洪适也是著名的金石学家，有《隶释》、《隶续》问世。

李清照改嫁之谜

早在明代，就有一位名叫徐勃的学者首先提出李清照改嫁不可信，他在《徐氏笔精》卷七中说：李清照为《金石录》"作序在绍兴二年，李五十有二，老矣。清献公之妇，郡守之妻，必无更嫁之理。……更嫁之说，不知起于何人，太诬贤媛也。"——以年龄近老和官宦出身两条来推定其"必无更嫁之理"，理由并不充分。

清人卢见曾在《重刊金石录序》中也为李清照改嫁"辩诬"，其主要理由有三。

一是年龄。他说："德夫殁时，易安年四十六矣。……又六年，始为是书作跋，时年已五十有二。……以如是之年而犹嫁，嫁而犹望其才地之美、和好之情亦如德夫昔日，至大失所望而后悔，悔之又不肯饮恨自悼，辄谍谍然形诸简牍。此常人所不肯为，而谓易安之明达为之乎？"

二是她同赵明诚的感情。他说："观其洴经丧乱，犹复爱惜一二不全卷轴，如护头目，如见故人。其惓惓德夫不忘若是，安有一旦忍相背负之理？"

三是家世、出身。他说："易安父李文叔，即撰《洛阳名园记》者。文叔之妻，王拱辰孙女，亦善文。其家世若此，尤不应尔。"（见雅雨堂本《金石录》）

继卢见曾之后，学者俞正燮比较全面地论述了改嫁不可信。

首先，他采用史家编年的方法排比岁月，考证了李清照的经历，认为她没有改嫁张汝舟的可能。

其次，李清照《上内翰綦公启》所记之改嫁、不和、矛盾加剧，最后诉讼要求离异的整个过程，应该是正当的行为，为什么信中又称此事为"无根之谤"呢？又，男女婚嫁世间常事，朝廷不需过问，信中怎么会有"持官书文字来辄信"之类词语？在俞正燮看来，《谢启》文笔劣下，前后矛盾，却又杂有佳语，定是篡改本。

第三，史载，建炎三年学士张飞卿曾持一玉壶示明诚，语久之，仍携壶去；有人疑其馈璧北朝，即所谓"颁金通敌案"。俞正燮认为，根据信中内容分析，只有把李清照的《谢启》视为感谢綦崇礼解救"颁金通敌"一案，才更说得通。

第四，针对宋代历史性著作《建炎以来系年要录》记载李清照改嫁一事，俞正燮认为，"李心传在蜀，去天万里"，误听误载是完全可能的。

近代，也有不少人否定李清照晚年改嫁。况周颐考证了李清照、张汝舟在赵明诚死后的行踪，证明了两人踪迹各在一方，不可能有婚配之事。当代学者黄墨谷对以上观点作了进一步的补充。

第一，从李清照自传性的《金石录后序》中看出，"颁金"案发生在建炎三年，但是延续到绍兴元年仍未解决。那封《谢启》是事后的感谢信，当然有可能作于绍兴三年以后。这样，信中提到的背景和綦崇礼的官衔等，与事实就没有矛盾了。

第二，綦崇礼与李清照的丈夫赵明诚有亲戚关系，清照如果真的改嫁，而且又涉及诉讼，她会靦颜去求他帮助吗？

第三，谢伋是赵明诚的表甥，又是綦崇礼的亲婿，对李氏身世应有充足了解，但谢伋在《四六谈尘》中并未提及再嫁一事，而且称清照为

"赵令人李"，书中还引用李清照对赵明诚表示坚贞的祭文"坚城自坠，怜杞妇悲深"，可见改嫁为非。

第四，摒弃李清照的诗词文章、生平事迹来议论改嫁一事是不全面的。李清照曾说："虽处忧患而志不屈。"在赵明诚卒后，她又为颁行丈夫的遗著《金石录》忙碌奔波，这些情节，都是否定李清照改嫁的佐证。

又，赵明诚死于建炎三年，清照已四十七岁；按宋代礼法，丈夫死了，妻子得守"三年之丧"。四年后，她写《上枢密韩公工部尚书胡公》诗中，尚有"闾阎嫠妇""嫠家父祖"之语，那时她已经51岁了，可见还在守寡。下一年，绍兴四年，她写《金石录后序》，序中历数她从丈夫葬后"无所之"的苦况，可见，改嫁之说，定为虚语。

现代学者王仲闻、王延梯、黄盛璋等认为清照改嫁是无可否认的事实。黄盛璋在《李清照事迹考辨》一文中指出：

其一，记载李清照改嫁的材料，就时间而论，胡仔、王灼、晁公武、洪迈都是李清照同时代人；就书的性质而论，又都是史书、目录、金石、诗论等严肃著作；就地域而论，胡仔、洪迈之书一成于湖州，一成于越州，与李清照生活之地近在咫尺，不可能有太大的讹误。

其二，胡仔、王灼成书时李清照仍然健在，要说在清照生前他们就敢明目张胆地造谣、伪造那封信，是很说不通的。何况李清照本身就是名人，南渡后明诚的哥哥存诚、思诚都曾做过不小的官，赵家那时并不是没有权势。

其三，读李氏《谢启》，知易安改嫁甚为勉强，是受了张汝舟的哄编和勒逼。其中"弟既可欺，持官文书来辄信"之语，大约仍牵涉"颁金通敌"一案，有可能沦为官婢强卖于人。张汝舟持伪造文书，欺骗易安姊弟，因而可以强与同归。待后知并无此事时，其悔恨之情可想而知，离异是她必然的选择。

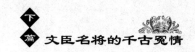

其四，"颁金通敌"案发生在建炎三年，而那封信作于绍兴三年之后，相隔好几年，可见此《谢启》与"颁金"案无关，而与告发后夫所引起的牢狱之灾有关。

其五，谢伋之所以仍称李清照为"赵令人李"，是看到李清照改嫁后仍眷眷于赵明诚，为完成前夫遗志不辞辛苦的事实之后，存心避开了有关旧事。

其六，中国古代妇女守节风气到明清才趋严格，宋代妇女改嫁极为平常，官宦之妇以及皇室宗女改嫁史书都有记载，故宋人并不会大惊小怪地将此事作为耻事论及。

结论是，宋明以后的卫道士们，不能接受一代才女没有从一而终的这段历史"污点"，拼命掩饰、否认她改嫁的事实。

据上所述，列其改嫁者多为宋人实录，人、事、时、地，均有确指；为其"辩诬"者多为后世推理，而非确证。且宋人对李清照无仇无妒，论其词则极为推崇，提及再嫁则深为惋惜，两说相较，应以"改嫁说"为是。不知读者诸君以为然否？

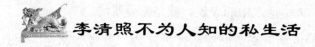
李清照不为人知的私生活

谁能称得上古今第一才女，人们最有可能达成共识的，可能就是李清照了。

在词的领域，人们大抵会首先想起苏东坡、辛弃疾。然后，就应该

想到南唐后主李煜和李清照了。其余的人，如柳永、周邦彦、姜夔、吴文英之流，恐怕都要排在后面了。

李清照的词，风格婉约清丽，自成一家。其作品传世不多，但佳作、佳句流传之广，却不逊于任何一位大家。如脍炙人口的"莫道不消魂，帘卷西风，人比黄花瘦"、"新来瘦，非干病酒，不是悲秋"、"知否知否，应是绿肥红瘦"。被后人誉为"三瘦"，李清照也因此得了一个"李三瘦"的别号。

前人沈去矜有这样的评论："男中李后主，女中李易安，极是当行本色。前此太白，故称词家三李。"李白诗的地位不需讨论。论其词，传世有《菩萨蛮》、《忆秦娥》，后人誉为"独冠词史，千古绝唱"。南唐李后主被誉为词宗，基本上得到人们的公认。李清照能与诗仙李太白、词宗李后主比肩而立，并驾齐驱。堪称文学史上巾帼第一了。

李清照的诗传世更少，多为感时咏史之作。为人称道的如"生当作人杰，死亦为鬼雄。至今思项羽，不肯过江东。""南渡衣冠少王导，北来消息欠刘琨"。情辞慷慨，不让须眉。能写出如此文字的奇女子，遍数古今，可能也只有"鉴湖女侠"秋瑾差堪比肩了。

李清照的词，让人想到的是多愁善感的南国佳丽。而李清照的诗，使人联想到的却是慷慨悲歌的燕赵之士。表现了这位奇女子性格的两个侧面。而后者在她私人生活之中的表现，就是酷爱赌博。

文人大多有一种痴情。李清照对赌博的迷恋，就可称痴迷。而且，痴迷的程度和豪气同样可称压倒须眉。传世的李清照文字，有两篇很有意思的文章。一篇叫《打马赋》，一篇叫《打马图经》。"打马"是当时十分流行的一种博戏。李清照酷爱这种博戏，专门为之做赋，还用图文并茂的方式对"打马"的规则做了记录。在《打马图经序》中，李清照声情并茂地叙述了以及自己对博戏的痴迷：

予性喜博，凡所谓博者皆耽之昼夜，每忘寝食。但平生随多寡未尝不进者何，精而已。自南渡来流离迁徙，尽散博具，故罕为之，然实未尝忘于胸中也。

北宋末年金兵南侵，李清照颠沛流离，四处迁徙，博具尽散，但胸中却从未忘却。只要一旦安适，舍舟车而见轩窗，就马上想起"博弈之事"。这样对赌博的迷恋和坦然的态度，不输于任何男子。其赌博技艺之精，居然到了不论赌注多寡，从未败北的地步。这就不仅博艺"精而已"，还应该包括赌运佳了。更重要的是，这位才女不仅酷爱赌博，而且对博戏的源流和变化颇有研究。对各种博戏的娱乐性了如指掌。在《打马图经》中，她写道：

长行、叶子、博塞、弹棋（各种博戏名，下同），世无传者。打揭、大小、猪窝、族鬼、胡画、数仓、赌快之类，皆鄙俚，不经见。藏酒、拇蒲、双蹙融，近渐废绝。选仙、加减、插关火，质鲁任命，无所施人智巧。大小象戏、奕棋，又惟可容二人。独采选、打马，特为闺房雅戏。……予独爱依经马，因取其赏罚互度，每事作数语，随事附见，使儿辈图之。不独施之博徒，实足贻诸好事。使千万世后，知命辞打马，始自易安居士也。

在这里，女词人满怀自豪地宣告："千秋万世之后，喜欢打马的人们，你们不要忘记，打马的规矩，是我易安居士给你们记载下来的啊。"

《打马赋》是一篇精彩的骈文。文中，李清照对历史上那些豪赌的人和事，充满了向往之情。

"岁令云徂，卢或可呼。千金一掷，百万十都。樽俎具陈，已行揖让之礼；主宾既醉，不有博弈者乎！故绕床大叫，五木皆卢；沥酒一呼，六子尽赤。平生不负，遂成剑阁之师；别墅未输，已破淮淝之贼。今日岂无元子，明时不乏安石。又何必陶长沙博局之投，正当师袁彦道布帽

之掷也"。

文中所述，皆为古代名人豪赌的典故，包括东晋的谢安、陶侃、桓温、袁耽和南朝宋武帝刘裕等人。如"别墅未输，已破淮淝之贼"，说的是东晋名相谢安在淝水之战的关键时刻，气定神闲地与人下围棋赌别墅。篇幅所限，这里不一一说明。读者有兴趣的话，可翻阅《世说新语》、《晋书》、《南史》等书的相关记载。

文字虽然豪气干云，但女人毕竟是女人。李清照所"独爱"的并不是掷骰子一类简单的豪赌，而是费时费事，技巧性很强的"打马"和"彩选"一类的"闺房雅戏"。这就像旧时代有闲阶层的妇女，很少喜欢"呼卢喝雉"掷骰子，而偏爱打麻将一样。其目的，还是在于排遣"更长烛明，奈此良夜"的寂寞与苦闷。在这里，我们又看到了李清照性格的另外一个侧面。

赌博是一种参与性极广的社会文化现象。从古至今，喜爱赌博的人遍及社会各个阶层。好赌的名人同样数不胜数。男人姑且不论，中国古代名气最大的女人武则天、杨贵妃、慈禧太后，无不喜爱赌博。武则天喜欢"双陆"。杨贵妃偏爱"彩战"（掷骰子），而慈禧太后则酷嗜麻将。相关记载很多。有兴趣的读者，可以看看《开元天宝遗事》、《清稗类钞》等前人的小说笔记。

比起上述几位贵妇人，李清照的社会地位要低很多。之所以将她称为古今第一女博徒，是因为她不仅酷爱博戏，凡赌皆爱，而且逢赌必胜。最重要的，她还是一位对中国博戏做过一番专门研究的女人，并且用上天赐予她的文采记述了这一切。

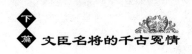

 ## 李清照和赵明诚的千古情爱

李清照和赵明诚是古代难得的一对门当户对而有才华横溢的才子佳人。在不准自由恋爱，要靠媒妁之言、父母之意的封建时代，他俩能有这样的爱情结局，真是天赐良缘，百里挑一了。请看这首《减字木兰花》：

卖花担上，买得一枝春欲放。泪染轻匀，犹带彤霞晓露痕。怕郎猜道，奴面不如花面好。云鬓斜簪，徒教郎比比看。

这是婚后的甜蜜，是对丈夫的撒娇。可以说李赵的爱情是典型的鸳鸯蝴蝶派爱情。

1107 年 3 月，赵明诚在朝廷担任宰相职务的父亲突然病逝了，这时，奸恶的宰相蔡京便暗下杀机，污蔑赵明诚父亲对皇室不忠。昏庸的徽宗听信谗言，立即追回了他对赵明诚父亲的各种赠官和所加称号，赵明诚兄弟三人，也因为"父罪"而统统免职。

在蔡京的迫害下，赵明诚和李清照夫妻二人只好回到家乡青州去住。由于官场的倾轧，连累李清照也遭此不幸。赵明诚内心深感不安，一天，他说："看来我们夫妻两个要在此白头到老了。"

李清照笑道："你以为我是羡慕荣华富贵的人吗？我才不是呢！咱们的日子是清苦一点，可是苦中也有甜。我们应该像桂花那样：悄悄躲在绿叶丛中，暗淡清黄，甘为寂寞。从今后我们应该更加努力地整理古籍，研究金石，吟诗作词，以慰生平。

赵明诚若有所思地点点头，过了一会又叹道："不做官，无薪俸，坐吃山空，纵然粗茶淡饭：也难长期维持，收藏书画碑帖，更是不易。"李清照说："财源枯竭，更应当一切从俭。我想，从今日起，咱吃的饭菜，可减去肉类；穿的衣服，可减去贵重的绸绢。我头上戴的翡翠、明珠、金钗、银簪等等，统统可以去掉。咱家中的涂金器具，贵重摆设，刺绣之类，也可以变卖典当，一句话，除了碑帖、书画、百家书史，全都可以变卖。"

赵明诚听罢，深为感动："贤妻所言，正合我意，翠难相随，情同手足，真是千金难买呀。天下知己，你我而已。"典型地表现了夫妻两人的患难之情，也说明两人的真心相知相爱。

爱情和婚姻是人生最重要的生活部分，李清照从少年走向青年，从父母温暖的翅膀下走向走向了自己的知己爱人赵明诚，虽然两人相知相爱，但他们的的爱情和婚姻同样充满着期待的焦虑、碰撞的火花、沁人的温馨，乱世时的悲凉。所以后人就一些只字片句来推断两人之间的一些爱情矛盾。

赵宋王朝于公元 1127 年匆匆南逃，开始了中国历史上国家民族极屈辱的一页。李清照在山东青州的爱巢也树倒窝散，一家人开始过漂泊无定的生活几年后，赵明诚转赴湖州上任。青州遭掠，李清照离乡背井，携文物与丈夫相聚。赵明诚却遭人诬陷，死在异乡……李清照为澄丈夫冤案，雇舟携物，追赶朝廷，行至婺州，古董尽数被骗……

国破、家亡、夫丧、物尽，李清照陷苦痛与灾难……看来自古以来，天总是嫉妒红颜的，要有一个完满白头的爱情总是如此之难，尽管如此，我们仍然向往李赵二人的爱情传说。

也许，离愁别绪，难舍难分，爱之愈深，思之愈切，本身就是爱情无法避免的特征。

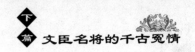

北宋乌台诗案：苏轼"语出不慎"蒙冤

乌台诗案发生于宋神宗元丰二年，为苏轼政治生涯重大转折，几至于死亡，后经力保，改谪黄州团练副使安置。乌台诗案在朝野引起的反响是强烈的。对苏轼心寄同情和出面营救的人不少。而苏轼为什么会有这样的冤情，也给世人留下了一个谜。

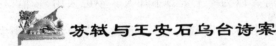 苏轼与王安石乌台诗案之谜

苏轼和王安石都是大宋王朝的风云人物、文学大家。在政坛上他们是相互对立的政敌，在文坛上却又有些惺惺相惜。由于反对王安石变法，苏东坡遭际了变法派官员的残酷迫害，乌台诗案后被贬谪黄州。然而就是在遭贬谪的日子里，东坡却道经金陵去谒见了安石，据说两人握手言欢，同游唱和。两人关系到底如何？确令后人颇为难解。

元丰二年六月十八日，御史皇甫遵奉令到湖州缉拿知州苏轼。苏轼这时刚由徐州改任湖州，上任还不到两个月，就遭到一场凶狠的暴风雨袭击。堂堂一位太守，正坐公堂办事，就被两个狱卒像驱逐鸡犬一样，逮到城外的船上，押送汴京。

苏东坡这次受到四个变法派官员的弹劾。御史中丞李定、监察御史何正臣、舒亶、国子博士李宜之等人先后四次上书，罪证是别人为苏东坡所刻的一部诗集，诸御史择其要害部分汇编成册，在神宗面前大进谗言，而导火线还在于苏轼到湖州上任后所上的《谢表》。罪名便是在"谢表"和"诗文"中愚弄朝廷，妄自尊大，对新法肆意诋毁，无所忌惮。此案牵涉到东坡的许多作品，也牵涉到一些朋友，其后都受到不同的惩处。

在苏东坡的作品中，确有一些是攻击和嘲讽王安石变法的。然而反对王安石变法，早在熙宁变法开始之初，苏轼就已表明了态度。写出《上神宗皇帝万言书》，先后两次，极论新法之不便，对新法进行了比较激烈而又全面的攻击。如要求撤销制置三司条例司，反对青苗法、均输法、免役法和农田水利法等，以为"王安石不知人，不可大用"。借口批评商鞅，指责王安石"怀诈挟术，以欺其君"，诋毁新党中"新进小生"是"小人招权"，并把新法比作毒药，实行后"四海骚然，行路怨咨"，所以"今日之政，小用则小败，大用则大败，若力行不已，则乱亡随之"。就是说新法将会招致国家的败亡。因此，他劝神宗不要急于求成，欲速则不达，提出结人心、厚风俗，存纪纲，徐徐求进，积十年之功，何事不立。

苏东坡与反对变法的官员司马光、欧阳修、张方平、曾巩、刘挚、刘恕、孙觉等人交往日深，成为反对派阵营中敢于从正面出击而直面敌人的一员勇将。如在送官员刘恕的诗中，东坡就直接攻击王安石，把他

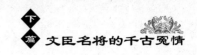

比作曹操、张汤，而把与王安石绝交的刘恕比作孔融、汲黯，褒贬反差强烈。在王安石提出科举新法，神宗下诏讨论时，东坡又独持异论，公开加以反对。开封府考试进士，苏轼主考，又发策问影射王安石变法独断专行，将败坏国事。后来司马光曾回忆说，与新党作战，苏轼最为勇敢。这在某种程度上，可能与其父苏洵写《辨奸论》，对他有一定影响。

王安石在这种情况下，也给苏轼以牙还牙般的回击。范缜曾推荐东坡担任谏官，如果推荐成功，那将对变法派十分不利。王安石就通过他担任御史的姻家谢景温，弹劾苏东坡在回四川奔父丧之时，多占船位，贩卖私盐和苏木。王安石下令淮南、江南、湖北、成都诸路转运司，严加调查，搜集证据，并逮捕篙工水卒，进行刑讯穷治。但由于这是个莫须有的罪名，所以调查很久，结果一无所获。苏轼对这种诬陷没有进行任何辩解，但已感到在京压力的沉重，处境的困难，就坚决请求外补，朝廷批准他通判杭州。

熙宁四年十一月，苏轼抵达杭州上任。三年后移知密州（治今山东诸城），再过3年，改知徐州。其间，王安石曾于熙宁七年罢相，次年复相，由于变法派内部倾轧，年余又再次罢相，判江宁府（今江苏南京），退居半山园。总之，在乌台诗案发生的时候，王安石已不在中枢执政。然而当政的变法派还是对东坡的讥嘲心存宿怨，决心要除掉苏轼，便上书攻击苏东坡包藏祸心，讪上骂下，嘲讽新法，"无尊君之义，亏大忠之节"，甚至要求将苏东坡正法，以正风俗民心。

苏东坡确有一些嘲讽新法的作品，表达了对某些问题的个人感慨和内心牢骚，其中往往夹杂着对人民的某些同情，及忧国忧民之情怀。而有些加在东坡身上的罪名，纯属断章取义、牵强附会的诬陷。如东坡《八月十五日看潮五绝》中，有"东海若知明主意，应教斥卤变桑田"一句，诸御史指斥为反对农田水利法。东坡《王复秀才所居双桧》中有

"根到九泉无曲处，世间惟有蛰龙知"，宰相王珪居然在神宗面前挑拨道："陛下飞龙在天，苏轼以为不知己，反欲求地下的蛰龙，非造反而何？"可以说纯粹在捕风捉影，枉加罪名。

苏东坡从七月十八日入狱，到十二月二十八日，五个多月的时间里，不断受到审问和各种重刑折磨，可谓无所不用其极，变法派也只是为了加给苏轼一个"讥讽朝政"的罪名。最后，苏轼写了长达两万多字的"供状"，承认了有关罪名，表示"甘服朝典"。由于写作而惹出这样的大祸，这是东坡所始料不及的。期间，诗人身心受到极大的伤害，屡次想自杀以结束生命。那么为什么神宗这时要惩治苏轼呢？当然对苏轼这样有影响的官员以文字攻击新法，他不无恼怒，但问题是苏轼反对新法的态度早已表明，嘲讽王安石的诗作也早已有过，为什么过了八九年，神宗才严惩苏轼？同时，又是什么原因最后使神宗宽恕了苏东坡？

据说此案也惊动了内宫，由于文才与名声，宫中上下也早知苏轼之名，尤其是仁宗曹皇后在病重之际还想到此事，神宗原想为了祖母病情的好转而进行一次大赦，曹太后却说："当初仁宗主持科举，回宫曾高兴地说：'吾今又为子孙得到太平宰相两人。'就指苏轼兄弟。现在你难道要把他杀掉吗？不需赦天下凶恶，但放了苏轼足矣。"神宗只得听命。

或说众臣的救助与说情，也起了相当的作用。大臣张方平、范缜曾上书援救。弟弟苏辙为恳求神宗免哥哥一死，上书乞纳在身官职，以赎兄之罪。变法派官员中也有不同态度者，如宰相吴充就对神宗说："曹操尚能容忍祢衡，陛下为什么不能容苏轼呢？"王安石的弟弟、中书舍人王安礼也劝神宗不要杀苏轼。据说，连王安石也说了句"岂有盛世而杀才士乎"的话，传到神宗的耳中，才最后决定宽恕苏轼。

或说还是太祖誓碑起了一定作用，神宗不敢开本朝杀士大夫的先例，怕被后人指责。此外神宗也颇赏识东坡的才华。据说苏轼在狱中自感凶

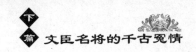

多吉少，便作《寄子由》二首，以嘱托后事，其第二首写道：

> 圣主如天万物春，小臣愚暗自忘身。
> 百年未满先偿债，十口无归更累人。
> 是处青山可埋骨，他年夜雨独伤神。
> 与君世世为兄弟，更结人间未了因。

其兄弟诀别之深情，使人读了凄然泪下，神宗读后也大动恻隐之心，加上本来并无杀意，所以最后的处分是责受检校水部员外郎、黄州团练副使，本州安置。

这场冤狱虽然结束了，但苏轼于其中所受的迫害与侮辱应是无法忘怀的。甚或后世士大夫提起这件诗案，都会谈虎色变。由于它是王安石变法所引发的，那么苏轼与王安石是否进一步势不两立了呢？历史的回答却是否定的。

元丰三年二月，苏东坡抵达黄州，过起谪居生活。这个富有理想、富有才华、更富事业心的知识分子，在困厄中艰难度日，其文学创作还走出了一个小高潮。四年后，神宗下诏："苏轼量移汝州（今河南临汝）。"苏轼只得别离黄州，坐船上路。经过江州、高安诸地，道过金陵，通过几个朋友的斡旋与安排，在那里会见了王安石。

这是元丰七年的七月，艳阳高照，气候颇热。苏东坡在朋友的陪同下，上蒋山谒见王安石，已经 64 岁的王安石也热情接待了这位比他小 16 岁的后辈。有的说是王安石野服乘驴到船上与苏轼相见，然后相游蒋山。十四年来，两人各处异地，未曾一晤。朝廷政坛也已今非昔比，主要是两人在政坛中的地位都已发生了戏剧性的变化，这两位过去曾经相互对立的政敌，如今抛却了从前的不愉快，开始握手言欢。东坡与安石

同游数日，共览江山之胜，尽论文章学术，互作诗词唱和，共或谈佛说禅，气氛相当融洽。

王安石对苏轼当然不无成见，不过也看好东坡的文学天才，爱读苏轼的诗文。如对东坡所作《钱氏表忠观碑》一文，认为"绝似西汉"，"直须与子长驰骋上下"。在读到东坡的诗句"峰多巧障日，江远欲浮天"时，抚几而叹："老夫平生作诗，无此一句。"读完苏轼在黄州所作《胜相院藏经记》后，称赞道："子瞻，人中龙也！"所以在文坛上，王安石也是当时最了解苏轼的天分，并能给予高度评价的人物之一。

苏轼反对新法，对王安石的一些诗文也时有揶揄，如安石《字说》谓："坡者，土之皮也。"苏轼以"滑者，水之骨也"相讥。但通过十几年来的观察，对王安石的个人人品，尤其是安石在文章学术方面的成就，还是能实事求是地给予肯定，曾说："王氏之文，未必不佳。"当他读到王安石的词《桂枝香·金陵怀古》，也赞叹道："此老乃野狐精也。"所以两人在文章学术方面应是同路人，仍有相当多的共同语言。当时王安石大病初愈，就舍宅作寺，又约苏轼卜居秦淮河边，东坡也不无感激地在和安石的《北山》诗中说：

骑驴渺渺入荒陂，想见先生未病时。

劝我试求三亩宅，从公已觉十年迟。

看来此次会见，两人在感情上有所沟通。王安石曾叹道："不知更几百年，方有如此人物。"东坡在离开金陵后，曾写给王安石两封信。王安石也给东坡回了信，劝他"跋涉自爱"。但两人是否已尽释前嫌了呢？似乎也未必。王安石谢世后，由苏轼替朝廷撰写"制词"《王安石赠太傅》，南宋还是有人以为："此虽褒词，然其言皆有微意。"尤其是制词

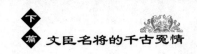

中对王安石变法诸事避而不谈，说明苏轼对此问题采取了保留的态度。苏轼又作"制词"《吕惠卿责授建宁军节度副使》，对吕惠卿是持谴责和否定的态度，有人以为也"都是把王安石包括在内加以指斥的。"不过，元祐更化时，司马光欲全废新法，而苏东坡却又主张对新法"较量利害，参用所长"，如对免役法如何存利去害，与司马光争得面红耳赤。

总之，苏、王两人的关系确实极为微妙，迷雾不少，令人无法看透。

 针对苏东坡的文字狱？

宋神宗赵顼少有变革之志。然而，在推行新法的过程中，异议不断，这不免让宋神宗有了强烈的挫败感。他决定拿出皇帝的权威，以更为强硬的手段来推行新法，对于那些反对变法的保守派大臣，要毫不留情地予以严惩，而著名的大学者苏轼刚好赶上了风口浪尖。

苏轼少负才名，博通经史，嘉佑二年（1057年）中进士，之后才名满天下。他资禀忠爱，议论英发，历典州郡，所至皆有去思。其文章政事为天下所宗仰，甚至盖过欧阳修为文坛领袖。宋英宗赵曙（宋神宗父）在未即位前便听说过苏轼鼎鼎大名，十分仰慕。继位后，宋英宗本想按照唐朝的惯例将苏轼召入翰林院，授予他知制诰职务。但宰相韩琦却说："苏轼是能成大器的，今后必然会被皇帝所重用，只要朝廷好好栽培他，那么全国的文人学士都会为皇帝效劳。那时，人小所向，也就不敢有人对此有异议了。倘若现在突然重用苏轼，天下士大夫恐怕会怀疑他的能

力，这对苏轼是极为不利的。"宋英宗还是不甘心，又问韩琦："让苏轼修起居注怎么样？"韩琦说："修起居注与知制诰官职性质相同，官品接近，恐怕也不太合适。"由于韩琦的一再阻挠，宋英宗只好任命苏轼在史馆试用。在宋神宗时，苏轼才受重用，但不久就因为反对王安石变法而被贬黜出京。

元丰二年四月，苏轼调任湖州（今浙江省吴兴县）。到了湖州后，苏轼作《湖州谢上表》。其实这只是例行公事，只要略叙为臣过去无政绩可言，再叙皇恩浩荡之类便可以上交了。但苏轼性格豪迈，不拘小节，兴之所至，又在谢表中添加了一句"知其生不逢时，难以追陪新进；查其老不生事，或可牧养小民"，其实就是发牢骚的意味，以此来表示对新法的不满。

本来这种谢表送到朝廷，也不会有太多人留意，偏偏苏轼文名满天下，文章一出，世人莫不争相一睹为快，就连苏轼的谢表也格外为人瞩目。由于"新进"是暗指王安石引荐的新人，结果惹怒了一些尚在当政的新进们。他们指责苏轼以"谢表"为名，诽谤朝廷，发泄对新法的不满，请求对他加以严办。

天下不满新法的人大有人在，苏轼这一句牢骚也不是太大的罪名。为了置苏轼于死地，一张有预谋的罗网悄悄展开了。

御史李定、何正臣、舒亶等人弹劾苏轼"玩弄朝廷，讥嘲国家大事"，还专门举出了苏轼的《杭州纪事诗》做为证据。为了罗织更大的罪名，这些人更是处心积虑地从苏轼的其他诗文中找出个别句子，断章取义地给予定罪。如苏轼自责的"读书万卷不读律，致君尧舜知无术"一句，本来是说自己没有把法律一类的书读通，所以无法帮助皇帝成为像尧、舜那样的圣人，却被说成是讽刺皇帝没能以法律教导、监督官吏；而苏轼歌咏桧树的两句"根到九泉无曲处，世间惟有蛰龙知"，则被指称为影射皇帝。"皇上如飞龙在天，苏轼却要向九泉之下寻蛰龙，不臣之心，莫过于此"!

如此一来，苏轼的罪名就大了，已经到了罪大恶极的地步，非死不可了。

尽管想要苏轼死的人很多，宋神宗也对苏轼非常恼火，但他还是不愿意下杀手，只同意逮捕苏轼，而且特意要求在进京途中，不得将苏轼关入监狱过夜。

在进京的路上，苏轼听说罪名重大，不知道此行会有什么样的命运，因此数次想跳水自杀，只是担心自己一死，会牵连到弟弟苏辙，这才没有下定决心。苏轼走后，他妻子王闰之（苏轼第一任妻子王弗堂妹）为了避祸，将苏轼诗文手稿全部烧毁，苏轼的作品因此而湮没不少。苏轼后来在给文彦博的信中说起这事："州郡望风，遣吏发卒，围船搜取，老幼几怖死。既去，妇女恚骂曰：是好着书，书成何所得，而怖我如此？悉取烧之。比事定，重复寻理，十亡其七八矣。"（《黄州上文潞公书》）

到京城后，苏轼被正式逮捕下狱，交御史台审讯。与苏轼关系密切的亲友，如司马光、范镇、张方平、王诜、苏辙、黄庭坚，甚至已经去世的欧阳修、文同等 29 位大臣名士受到牵连，这就是历史上著名的"乌台诗案"。

"乌台"即御史台，据《汉书·朱博传》记载："是时，兀御史府吏舍百余区井水皆竭；又其府中列柏树，常有野乌数千栖宿其上，晨去暮来，号曰朝夕乌。"意思是说御史府中有许多柏树，常有数千只乌鸦栖息在树上，晨去暮来，号为"朝夕乌"。因此，后世便以御史府为乌府，御史台为乌台。

苏轼下狱后，其长子苏迈一直照顾他。在等待最后判决的时候，苏迈每天去监狱给他送饭。由于父子不能见面，暗中约好，平时只送蔬菜

和肉食，如果有死刑判决的坏消息，就改送鱼，以便早做心理准备。有一天苏迈有事，不能去给父亲送饭，就托一个朋友代劳，但苏迈忘记告诉朋友这个约定，偏巧朋友给苏轼送去了一条鱼。苏轼一见大惊，以为自己难逃一死，便写了两首绝命诗给弟弟苏辙。

其中之一为：

圣主如天万物春，小臣愚暗自忘身。

百年未满先偿债，十口无归更累人。

是处青山可埋骨，他年夜雨独伤神。

与君世世为兄弟，更结来生未了因。

之二为：

柏台霜气夜凄凄，风动琅珰月向低。

梦绕云山心似鹿，魂飞汤火命如鸡。

眼中犀角真君子，身后牛衣愧老妻。

百岁神游定何处，桐乡知葬浙江西。

苏轼被拘禁近百日，终于获释。巨大的挫折并没有改变苏轼豪爽的性格，饱经忧患的人生体验反而激发了他创作的热情，在黄州的日子，苏轼写下了"大江东去，浪淘尽，千古风流人物"等脍炙人口的诗词。受苏轼牵连的人中，有三个人的处罚较重。驸马王诜首当其冲。他因为事先泄露机密给苏轼，且交往亲密，在御史台调查时不主动交出苏轼的诗文，被削除一切官爵。其次是王巩，被御史附带处置，发配西北。第三个是苏辙，他曾奏请朝廷赦免兄长，自己愿意纳还一切官位为兄长赎

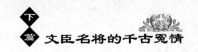

罪，遭受降职处分，调到高安，任筠州酒监。其他人，张方平与其他大臣都是罚红铜三十斤，司马光和范镇及苏轼的十八个别的朋友，都各罚红铜二十斤。喧嚣一时的"乌台诗案"终告结束。

王诜是皇亲国戚，尤其王诜妻子宝安公主（后改为蜀国公主，累改秦、荆、魏三国）为宋神宗亲妹，都是高太后所生，兄妹感情极为深厚。有如此关节，王诜却被处罚得最重，这就格外令人纳闷了。宋神宗在贬黜王诜的手诏中说："王诜内则朋淫纵欲而失行，外则狎邪罔上而不忠，由是公主愤愧成疾，终至弥笃。"由此推断，除了受到苏轼牵连的因素外，宝安公主病重才是王诜被贬的主要原因。王诜虽然娶了金枝玉叶的宝安公主，宝安公主也极为贤惠，然而名士风流，王诜还是先后娶了几个小妾。宝安公主因此被冷落，经常郁郁寡欢，而唯一的儿子又在三岁时夭折，最终使她忧伤成疾。宋神宗恼恨王诜，因此才借"乌台诗案"从重处罚妹夫。王诜被贬的第二年，宝安公主已经病入膏肓，高太后前来探望，宝安公主从昏迷中醒来，悲伤地告诉母亲自己将不久于人世，母女二人抱头痛哭。片刻后，宋神宗匆忙赶来，亲自为妹妹诊脉，又亲手给妹妹喂粥。宝安公主为了不辜负兄长的情意，勉强将将粥喝完。宋神宗赏赐给宝安公主六千金帛，又问妹妹有何要求。宝安公主说："复诜官而已。"意思是请皇帝让丈夫王诜官复原职。第二天，宝安公主去世，年仅 30 岁。宋神宗听说后，还来不及吃饭就赶往公主府邸吊祭。结果，刚刚望见公主府的府门，皇帝就忍不住开始痛哭流涕，并因此而罢朝五日。兄妹的手足情深，由此可见一斑。为了满足宝安公主最后的愿望，宋神宗打算召回王诜，但就在这个时候，宝安公主乳母告发说王诜经常不检点，甚至纵容小妾有不尊重公主的行为。宋神宗闻之大怒，下令杖责王诜的小妾，并全部发配给士卒。王诜则再次被贬往均州，一直到宋神宗死后才被放还。

苏轼就是苏小妹？

提及苏小妹之前，不得不把苏轼的家事略表一二。苏洵有三子三女，苏轼和弟弟苏辙排行老五老六，其他的姐姐哥哥都先后夭折，然此二人，却成为一代大才子，传作后世，为人称颂。轼，本意是设在车箱前面供人凭倚的横木，辙，本意是车迹，车轮碾过的痕迹。意思就是告诫苏轼不要锋芒毕露，做一个在车马组件中最不起眼的"轼"。而弟弟性格沉稳，所以父亲希望他作"辙"，你想一辆赛车赢了，与它留下的痕迹有什么关系，所以知子莫若父，赞哉。

所以，从史学考证角度来说，苏家没有苏小妹这个人。既然没有，为何民间甚至有些小说，野史却有小妹的故事流传？这该从苏轼的二妻一妾说起。

苏东坡的第一任妻子王弗是他生活中很出色的助手。1054 年，就在晋京赶考之前，18 岁的苏东坡娶了 15 岁的王弗。这是一桩典型的"父母之命、媒妁之言"的婚姻。王弗是个很贤淑人，她内向，与苏东坡的坦直豪放的性格恰好互补共助。她知道苏东坡勤读苦学，就伴他"终日不去"；对于书中记事，东坡偶有遗忘，也能从旁提醒，东坡问她其他书籍，她也"皆略知之"。在东坡做官之后，她时常提醒着特"个性"、特"性情"的丈夫。东坡往往把与之交往的每个人都当成好人，自称"眼前见天下无一个不好人"，又言"余性不慎言语，与人无亲疏，辄输写肺腑。有所不尽，如茹物不下，必吐之乃已，而人或记疏以为怨咎……"于是，就有了王弗"幕后听言"的典故。26 岁就夭折了，有一长子。苏轼给于她的评价是"敏而静，有识。"

就在王弗死后的第十个周年，正当苏东坡调知密州（今山东诸城）的孤寂失意的日子里，在梦中又依稀见到了久别的妻子，于是写下了让后人读了只想落泪的两阕小词《江城子》。其词曰："十年生死两茫茫，不思量，自难忘。千里孤坟，无处话凄凉。纵使相逢应不识。尘满面，鬓如霜。夜来幽梦忽还乡，小轩窗，正梳妆。相顾无言，惟有泪千行。料得年年肠断处，明月夜，短松冈。"那年苏东坡 39 岁。词中写出了一个中年男人对爱妻十年前死别的惨痛回忆，透露出的是在失去幸福后只有在梦中才能追踪的那种凄苦心情，开创了用词来悼念诗的先河。

王弗去世后的第四个年头，1068 年 10 月，苏东坡又做了新郎，新娘则是王闰之，她是王弗的堂妹。她秉性十分柔和，遇事顺随，容易满足，什么事都听从丈夫的心愿。那时，王闰之已经 20 岁，比苏东坡小 11 岁。闰之小时曾多次见到过东坡，早对这个姐夫佩服得五体投地。在东坡最活跃的那些年，王闰之一直与他相伴，抚养堂姐的遗孤和自己的儿子，在丈夫宦海浮沉的生活里，一直与丈夫同甘共苦。在《后赤壁赋》中、在《小儿》诗中，可以清晰的看到苏夫人温情的面影。在"乌台诗案"中，王闰之"几怖死"，哭得死去活来，苏东坡也万箭钻心、却"无一语之"。46 岁夭亡，苏轼给于她的评价是："温柔体贴"。

东坡有一妾，那就是为东坡在杭州买了一个非常聪明的丫环，只有 12 岁，名朝云。朝云天资聪明，在大师的训导下，渐渐更富才艺，这是苏东坡着意培养出来的一朵花，苏东坡后来收朝云为妾也就不足为怪了。苏东坡大朝云 26 岁，秦观曾写诗称她"美如春园，目似晨曦"，可以这样说，在苏东坡一生的几个女人中，朝云可以说是东坡的红颜知己，精

神上的挚友。还有那个流传甚广的故事："东坡一日退朝，食罢。扪腹徐行，顾谓侍儿曰：'汝辈且道是中有何物？'一婢遽曰：'都是文章'，坡不以为然。又一人曰：'满腹都是见识'。坡亦未以为当。至朝云，乃曰：'学士一肚皮不入时宜。'坡捧腹大笑。"从这些记述中，可以看出东坡对朝云的看重。而实际上，在苏东坡晚年流放在外（遭贬岭南惠州）的那段时间里，始终随侍其左右的便是朝云，成为了苏轼的生命支柱。1083 年，朝云为东坡生了一个儿子，取名叫遁儿。遁儿不久夭折，朝云再没有生第二个孩子。1095 年 7 月 5 日，朝云得了一种烈性传染病，不幸身亡，年仅 34 岁。东坡为她写了墓志铭，称她"敏而好义"、"忠敬如一"。自此，东坡一直鳏居未娶。那年苏东坡六十岁。

这便是正史记载了苏轼的三位红颜知己，而正史在家谱中并没有记载苏轼有个妹妹叫苏小妹，也没有民间传说的关于苏小妹智斗苏轼等"佛印"故事。明代冯梦龙的《醒世恒言》中有一些记载，提到是秦观的夫人。学术界认为，秦观是苏轼的学生，亦称秦少游。而当秦观第一次遇见苏轼，秦观已经 29 岁，苏轼 43 岁，秦观已经有婚约，夫人叫徐文美。可见不是苏小妹。而从苏轼苏辙的书信来往信件的查询中，也没有苏小妹的任何记载，可见是民间杜撰的结果。

然而，为何民间对苏轼的爱戴如此之高，比起其他唐宋八大家有过之而无不及，贵在苏轼的人格魅力。苏轼被外放留任期间，巧妙的断案"提扇之案"，解决了民间疾苦也了了一桩民案，这是正史有记载的；西湖修堤，让百姓承包西湖边的菱角塘，既解决了浮萍重生的生态问题，又解决了治安问题。有时我不禁想，像苏轼这样的文人州长，最适合治理城市，在他的治理下，可以把无文化的城市变得有文化，把原本就有人文景观（比如杭州）这样的城市变得更"西子"。"三潭印月"中的三个方位塔原本是告诫西湖上的游船，不要来打捞浮萍和进入禁地。如今

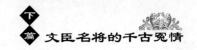

却已经成为了西湖十景不可缺少的构成部分。

因为爱戴他的为人，诗词，书法，智谋，个性与情操，所以民间不由自主地杜撰出许多有关苏轼的趣闻故事，苏小妹就是苏轼的一个影子，不仅才智过人，有"新婚三难郎"，"巧于戏苏轼"，"智斗佛印"等故事。

 ## 乌台诗案前后苏轼诗词风格的变化

1079 年 7 月，苏轼在湖州任上，因乌台诗案获罪入狱，次年元月，被流放至黄州。诗案之前，自 1071 年任杭州通判以来，苏轼历任密州知州、徐州太守和湖州太守，政绩卓著。其诗词作品在整体风格上是大漠长天挥洒自如，内容上则多指向仕宦人生以抒政治豪情。而诗案之后，虽然有一段时间官至翰林学士，但其作品中却少有致君尧舜的豪放超逸，相反却越来越转向大自然、转向人生体悟。至于晚年谪居惠州儋州，其淡泊旷达的心境就更加显露出来，一承黄州时期作品的风格，收敛平生心，我运物自闲，以达豁然恬淡之境。

以乌台诗案为界，苏轼的诗词作品在创作上有继承也有明显的差异。在贯穿始终的"归去"情结背后，我们看到诗人的笔触由少年般的无端喟叹，渐渐转向中年的无奈和老年的旷达——渐老渐熟，乃造平淡。

首先，在题材上，前期的作品主要反映了苏轼的"具体的政治忧患"，而后其作品则将侧重点放在了"宽广的人生忧患"。

苏东坡，用他自己的话说，他过去生活的态度，一向是嫉恶如仇，

遇有邪恶，则"如蝇在台，吐之乃已"。在杭州，在一首给孔文仲的诗里，他流露出对声势煊赫的官场的蔑视："我本麋鹿性，谅非优辕姿。"不仅如此，他还替监狱里的犯人呻吟，替无衣无食的老人幽咽。他写农村田园情趣时，他起的题目却是《吴中田妇叹》："汗流肩赤栽入市，价贱乞与如糠秕。卖牛纳税拆屋炊，肤浅不及明年饥"；他在歌咏"春入深山处处花"时也写农民的食粮，农民吃的竹笋没有咸味，只因"尔来三月食无盐"，直指朝廷的专卖垄断；他写被征调的人民挖通运河以通盐船，他的笔触更加尖刻犀利："人如鸭与猪，投泥相溅惊"；他指责积贫积弱的朝廷，他渴望"致君尧舜"，渴望有朝一日"会挽雕弓如满月，西北望，射天狼"。他探问："持节云中，何日遣冯唐？"他轻狂："谁怕？一蓑烟雨任平生！"

然而，"世事一场大梦，人生几度秋凉"。东坡行云流水之作引发了乌台诗案。梦后的黄州贬谪生活，使他"讽刺的苛酷，笔锋的尖锐，以及紧张与愤怒，全已消失，代之而出现的，则是一种光辉温暖、亲切宽和的诙谐.醇甜而成熟，透彻而深入。"在下棋时，他体悟到："着时自有输赢，着了并无一物"。在幽林静山之间，他豁然开朗："夜凉吹笛千山月，路暗迷人百种花。棋罢不知人换世，酒阑无耐客思家"。他不再执著于"奋力有当时志世"而是"小舟从此逝，江海寄余生。"所以当苏轼遨游赤壁之时，面对"江上之清风与山间之明月"，发出"天地之间，物各有主，苟非吾之所有，虽一毫而莫取"的感叹，便也可被世人所理解。他飘然独立，只愿做一只孤鸿："拣尽寒枝不肯栖，寂寞沙洲冷。"

其次，在文化上，前期尚儒而后期尚道尚佛。

前期，他渴望在仕宦之路上获得成功，即使有"归去"之心，也是"欲回天地如扁舟""何日功成名遂了，还乡"。他有儒家所提倡的社会责任，他深切关注百姓疾苦："秋禾不满眼，宿麦种亦稀。永愧此邦人，芒刺在肤肌。平生五千卷，一字不救饥"；他渴望在沙场上一展雄威，"鬓微霜，又何妨！持节云中，何日遣冯唐？"尤其在密州徐州时，其锐意进取、济世报国的入世精神始终十分强劲。苏轼在其政论文章中就曾一再阐发《易经》中"天行健，君子以自强不息"的思想，希望"天子一日赫然奋其刚健之威"，能动于改革，为变法摇旗呐喊。

后期，尤其是两次遭贬之后，他则更加崇尚道家文化并回归到佛教中来，企图在宗教上得到解脱。他认识到自己和朝廷权贵们已经是"肝胆非一家"。所谓使人追求的"浮名浩利"，对他来说已经是"鹤骨霜髯心已灰"，只能劳神费力，再没有什么"西北望，射天狼"的豪情壮志，"穷猿已投林，疲马初解鞍"。对那个一生仕宦起伏颠簸的苏东坡而言，他从心底发出最最真实的慨叹"惆怅东南一只雪，人生看得几清明？"他深受佛家的"平常心是道"的启发，在黄州惠州儋州等地过上了真正的农人的生活，并乐在其中。当太后允其在太湖边居住的时候，他大喜："十年归梦寄西风，此去真为田舍翁。"他终于可以乘一扁舟来往，"神游八极万缘虚"了。久旱逢甘露，苏东坡和农人完全一样快活而满足，他写诗道："沛然扬扬三尺雨，造化无心恍难测。老夫作罢得甘寝，卧听墙东人响屐。腐儒奋耒支百年.力耕不受众目怜。会当作溏径千步，横断西北遮山泉。四邻相率助举杵，人人知我囊无钱。"

第三，在风格上，前期的作品大气磅礴、豪放奔腾如洪水破堤一泻千里；而后期的作品则空灵隽永、朴质清淡如深柳白梨花香远溢清。

就词作而言，纵观苏拭的三百余首词作，真正属于豪放风格的作品却为数不多，据朱靖华先生的统计类似的作品占苏拭全部词作的十分之一左右，大多集中在密州徐州，是那个时期创作的主流：有词如"有笔头千字，胸中万卷，致君尧舜，此事何难！用舍由时，行藏在我，袖手何妨闲处看？身长健，但优游卒岁，且斗樽前"锋芒毕露；一首《江城

子密州出猎》决不可"十七、八女子，执红牙板"来悠然而唱，而必须要"东州壮士抵掌顿足而歌之，吹笛击鼓以为节，颇壮观也。"这些作品虽然在数量上并不占优势，却着实反映了那段时期苏轼积极仕进的心态。

而后期的一些作品就既有地方人情的风貌，也有娱宾遣兴，秀丽妩媚的姿采。诸如咏物言情、记游写景、怀古感旧、酬赠留别，田园风光、谈禅说理，几乎无所不包，绚烂多姿。而这一部分占了苏轼全词的十之八九左右。虽然也有"人间如梦，一樽还酹江月"的大悲叹，但更多的却是"花谢酒阑春到也，离离，一点微酸已著枝"的小恻隐，他逃离了仕途官场的蝇营狗苟，开始静观自然："林断山明竹隐墙，乱蝉衰草小池塘"；他越来越觉得文字难以承载内心之痛："敛尽春山羞不语，人前深意难轻诉"；他将自然与人化而为一："春色三分，二分尘土，一分流水。细看来，不是杨花，点点是、离人泪。"其间大有庄子化蝶、无我皆忘之味。至此，他把所有的对现实的对政治的不满、歇斯底里的狂吼、针尖麦芒的批判全部驱逐了。其题材渐广，其风格渐趋平淡致远。

木斋先生对于这个问题的论述已经十分精辟，现直接引用过来："诗案对诗人的思想和创作不能不发生深刻影响。有人说，诗案是苏轼一生的转折点：苏轼由当初的"奋厉有当世志"、"致君尧舜"，转变为"聊从造物游"的艺术人生。案前，诗人主要是深刻地反省仕宦人生；其后，他痛苦的心灵在自然的天地里找到了归宿，发现了新的人生境界。也有人说，黄州时期"苏东坡精神寄托的对象从名利事业而暂时转移到东坡，转移到大自然。这就是对统治集团的一种疏远，这不能不无它的积极意义"。诗案对于苏轼，浑如一场恶梦。梦后的黄州贬谪生活，使苏轼从具体的政治哀伤中摆脱出来，重新认识社会，重新评价人生的意义。"

首先，生活环境的改变是苏轼作品发生变化的客观原因。乌台诗案之后，苏东坡谪居黄州，远离官场。在黄州，他在给好友章淳的信中写道："现寓僧舍，布衣蔬饮，随僧一餐，差为简便。以此畏其到也。穷达得丧粗了其理，但廪禄相绝，恐年载间，遂有饥寒之扰。然俗所谓水到渠成，至时亦必自有处置，安能预为之愁煎乎？初到一见太守。自余杜门不出，闲居未免看书，惟佛经以遣日，不复近笔砚矣。"我们可以看到在表层意义上苏轼是谪居黄州、惠州、儋州等地，但他的谪居与其他人又不一样。他"寓僧舍"、"随僧餐"、"惟佛经以遣日"。这说明，他在起居生活上已渐趋佛道。

其次，崇尚佛老思想。乌台诗案是苏轼对儒家的仕宦思想产生深深的怀疑，在仕途失意之时，自然倾向于佛家和道家的思想。他在《安国寺记》里写道："余二月至黄舍。馆粗定，衣食稍给，闭门却扫，收召魂魄。退伏思念，求所以自新之方。反现从来举意动作，皆不中道，非独今之所以得罪也。欲新其一，恐失其二；触类而求之，有不可胜悔者。于是喟然叹曰：道不足以御气，性不足以胜习，不锄其本而耘其末，今虽改之，后必复作。盍归诚佛僧，求一洗之。'得城南精舍，曰安国寺，有茂林修竹、陂池亭谢。间一二日辄往焚香默坐'，深自省察，则物我相忘，身心皆空，求罪始所生而不可得。一念清净，染污自落；表里核然，无所附丽。私窃乐之……""归诚佛僧，求一洗之"、"物我相忘，身心皆空"。这说明，他的内心已经开始疏远儒家思想，而日渐趋向佛老思想。

第三，儒道佛三教合一。表面上苏轼弃儒从道，但是实际上，儒学的观念已经深深地扎根其内心之中了，而苏轼又将佛道的出世与儒家传统思想中的"达则兼济天下，穷则独善其身"和于宋代"修己治人"统一起来，故其作品谈禅说理、怀古感今，无所不包。在黄州时，苏轼逍遥游世："吾生本无待，俯仰了此世。念念自成劫，尘尘各有际。下观

生物息，相吹等蚊蚋"；在惠州时，他超然淡泊："胜固欣然，败亦可喜。优哉游哉，聊复尔耳"在儋州，宠辱不惊、履险如夷、临危若素："春牛春杖，无限春风来海上。便丐春工，染得桃红似肉红。春幡春胜，一阵春风吹酒醒。不似天涯，卷起杨花似雪花。"

苏轼一生时运不齐，命途多舛。宦海沉浮，两遭流放。乌台诗案对于苏轼的仕途人生而言是一个低潮，但却是其文学创作生涯中的一个重要的转折。这种仕途的不得意和现实的坎坷，使他走出市井朝廷，将自己的精神世界更多的寄托于佛法禅意、青山秀水之中，故而也就在更大意义上成就了东坡式"自在洒脱、空灵超然"。

究竟是谁要陷害苏轼

苏东坡在他44岁那年摊上了个案子，这案子差点要了他的命。有人说，是王安石陷害苏东坡，正史、野史里都有这个说法，真是这样吗？他为什么要这样做？为什么要置苏轼于死地？

诗案的发生，正值王安石变法时期，朝廷围绕赞成与反对变法，形成新、旧两党，苏轼作为"旧党"中的中坚人物，对王安石变法是持否定态度的，并屡作诗文讥讽，"新党"成员对之恨之入骨，欲除之而后快。因变法而引发的新旧党争，终于演变为一场殊死争斗。

苏东坡想不通，变法可以，为什么全然不顾社会的承受力？如果放慢点速度，整顿好人心，选用一批贤良，缓缓图之不是更稳妥、更容易

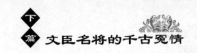

收到实效吗？治理国家，难道就是发展经济这一件事吗？老祖宗讲究天人合一，大宋王朝求的是以文治国，这个传统丢了，国家会出大问题的。想不通，就频频上书劝阻，劝阻不成就联合一批贤德人士共同抵制，同时，写到他的文章里，作诗讽刺。所以大难终于降临。

陷害者是王安石吗？

王安石与这一切有无直接关系？关于荆公与诗案的关系，大致有三种说法：

其一，政敌说。

"诗案"发生在元丰二年，而王安石早在三年前，也就是熙宁九年就离开政界了。那一年，王安石由于丧子的原因第二次罢相，去了江宁，最后连宰相都不干了。"诗案"是三年之后的事了，其时的宰相已是吕惠卿，怎能把"诗案"和王安石扯在一起呢？

从熙宁二年王安石开始推行新法，到"诗案"发生，已经十年过去，苏轼没有放弃对新法的批评，王安石一直不以为然，在他断断续续执政的八年内，苏轼可以畅所欲言，王安石一直未加干涉，怎么他当宰相的时候不办苏轼，退隐山林多年后却想到要报复苏东坡了？

吕惠卿确实是王安石提拔的，但王安石当政时，吕与王的政见已然不同了，他当时不陷害苏轼怎么会在王安石远离政坛以后，反而秉从他的什么意志，替他清洗所谓的"政敌"呢？

其二，嫉妒说。

说王安石是因为嫉妒对手的才华而下毒手的，这纯属想当然。王、苏二人虽政见不同，但在才情文学上他们二人相互欣赏。王安石曾称赞东坡："子瞻，人中龙也"；在读到"峰多巧障日，江远欲浮天"的东坡佳句时，抚几慨叹曰："老夫平生作诗，无此一句"；苏东坡则称王安石"名高一时，学贯千古；智足以达其道，辩足以行其言"。相关的

例子，在各自留传的作品中很容易找到，历史上也从没有留下任何王安石嫉妒苏东坡的记载，更不会因嫉妒而生仇恨陷对方于死地，这绝不是半山的为人。

其三，"小人"说。

林语堂在他写的《苏东坡传》中，把王安石称作"王安石那群小人"，的确，"乌台诗案"的制造者李定、舒亶、何正臣等，历来被视为王安石的"朋党"，王安石提拔的人、他的助手、学生和继承者，几乎都被官方修订的正史《宋史》列入奸臣的行列，他本人虽没有被列入其中，但也是被骂了一千多年。

苏轼和王安石都是从政的文人。他们有许多的共同点，都是奇才，唐宋八大家，他俩就占了两家；他俩都具有高尚的人文精神，富有同情心，关心劳动人民的疾苦。但是，他俩政见不同，两人的关系也受到影响，逐渐疏远，最后闹到水火不容的地步。熙宁新法每推进一步，苏东坡都要写诗文讥讽，弄得王安石十分恼怒；苏东坡性情豪放，不拘小节，有时出口不让人，弄得王安石下不来台，利用手中的权力进行报复的事显然是有的。苏东坡半生颠沛流离，有一些就是王安石造成的。

客观地说，尽管王安石没有直接参与"乌台诗案"，但也不能说与他毫无关系，起码是他起用的那些人，有几个是贤德君子呢？李定是王安石的学生，他表面上还尊重王安石，遵守他的教诲，但是他的私德、心胸、手段、志向，王安石怎么能担保呢？事实证明，正是李定等这些小人制造了这个千古冤案。对此东坡的弟弟苏辙早就下过结论："东坡何罪？独以名太高。"实际上，不仅李定，王安石、苏东坡、宋神宗，大家都有小人的倾向，表现就是不能容人，气量狭窄，意气用事，政见不同导致朋友都做不成。这样的事，所见所闻实在太多，古来如此。所以，我们可以说乌台诗案与王安石变法有关系，但跟王安石本人无直接

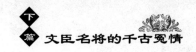

的关系。

　　此刻，苏东坡正被关在御史台的大狱里大受其罪。诗人的作品件件都成了事儿，被主审官抓住不放，审了又审。通宵达旦地逼供，终于使他支持不住了。他想闭闭眼，喘口气，唯一的办法就是承认。而这样的罪名一旦承认，就是死路一条，苏东坡不是不知道，但他没有其他的选择。而认罪之后，剩下的，就只有等着杀头了。

千古罪人秦桧：金人奸细之辨

　　秦桧先作为北宋官员，曾随二帝一起被掳至金国。然而仅仅四年之后，他突然神秘莫测地回到了南宋，且是"全家得还"。秦桧归宋到底是自行逃归还是金人纵归，也就是说秦桧是否为金人的奸细？对于这一问题，一直众说纷纭，未有定论。

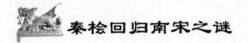

秦桧回归南宋之谜

　　秦桧，字会之，江宁（今江苏南京）人。政和五年进士，历任太学学正、左司谏、御史中丞。靖康之难，全家随二帝、众官员被掳至金国。从二帝至金燕山、上京、韩州诸地，闻康王即位，代宋徽宗修书，请求和议。桧又厚贿金人，以此获得金人的欢心，为完颜昌所信用。建炎四年，随金兵南征，金攻破楚州（今江苏淮安）。十月，秦桧携带家眷自金人占领区楚州孙村进入涟水军（今江苏涟水）宋军水寨，回到南宋。秦桧归宋，究竟是自行逃归抑或金人纵归，这是判断秦桧是否为金人奸细的关键所在。

宋人对秦桧南归有两种迥然不同的说法，一为逃归，一为纵归。

先看逃归说。据徐梦莘《三朝北盟会编》和李心传《建炎以来系年要录》载，靖康之难，秦桧因不愿立张邦昌而遭拘北去，其妻王氏、小奴砚童、小婢兴儿、御史卫司翁顺同行。至金，金主将秦桧赐其弟完颜昌，为任用（主管秘书之类）之职。建炎四年，完颜昌率金兵南征，以秦桧同行。秦桧担心夫人王氏不能随行，便假装至燕山府留下王氏，自己独行。王氏故意喧闹道："我嫁到你秦家时，有嫁妆 20 万贯赀财，家翁欲使我与汝同甘苦，共度一生。今大金国以你为任用，要从金军南行，而弃我于此地吗？"王氏叫骂不休，反复哭诉。果然有人传话告于完颜昌，金人便只得批准秦桧夫妇及砚童、兴儿、翁顺都得同行。金兵攻破楚州后，完颜昌任秦桧为参谋军事、随军转运使。金兵多去抢夺财物，兵营空虚，秦桧便乘机说动梢工孙静，以催督淮阳海州钱粮为名，与妻王氏、兴儿、砚童、翁顺及亲信高益恭等人夺舟而去。至宋涟水界，被宋将丁祀水寨的巡逻兵捕获，把他作为奸细而进行拷问凌辱。秦桧急忙告之："我御史中丞秦桧也。"可士兵不认识他，秦桧大叫："这儿有士人吗？"恰巧有个卖酒秀才王安道在附近，便被唤来辨认。这王安道其实并不认识秦桧，却长揖道："中丞辛苦了。"兵众信以为真，也就将秦桧放行。在王安道等人的陪同下，一行人总算到达行在，后孙静、安道等都得授官。

秦桧的《北征纪实》也有自己的一番描述，主要是从楚州出逃过程的某些细节。说他在楚州时，原打算深夜骑马出逃，但看到金兵四面都有埋伏，难从陆路出走，决定从水路逃跑，再访能操舟行船之人，"遂定计于食顷之间"，乘机夺船而走。当夜行舟六十里，次日到达丁家寨，

拜访将军丁祀，丁推辞有病不见。第三天丁祀派副将刘靖等人以酒招待，刘靖没安好心，欲谋财害命，秦桧识破阴谋，席上面责刘靖，刘靖不敢下手，秦桧方得脱身。他又亲自到丁祀军营，丁仍拒绝接见，秦只好返回舟中，从海上发舟赶赴行在。

上述解释，当时就有不少士人提出质疑，指出下列疑点：秦桧与众官员一同被拘掳至金庭，为何唯独秦桧能逃归？金军令秦桧从军办事，为防其逃跑，必留其妻子为人质，怎么可能让他们夫妇同行呢？甚至还有小奴、小牌、侍卫也一同逃归，简直让人不可思议。从楚州南逃，也有千里之遥，途中要跋山涉水，难道金国毫无防禁之设？刘靖既欲图财害命，说明秦桧必有可观的随身之物，这哪会是"定计于食顷之间"的仓猝出逃呢？再有，如丁祀果真在当时关键时刻拒绝接见秦桧，那么秦桧得势后必定会加以报复。但事实却是，秦桧为相，丁祀即得提升，且官运亨通，权倾一时。秦桧有如此胸怀吗？这一连串的疑点，让人们怀疑其南逃脱险经历的可信度。

在逃归说中，陆游《老学庵笔记》中的记载却颇为另类。说秦桧在山东计划南逃时，船只都已备好，唯独怕金营中有人告发，所以仍犹豫不决。适遇一个略有交情的金人，便将自己的想法告之。金人说："何不找监军商量一下？"秦桧说不敢。金人说："不然，我国人一旦许诺你，就会担起有关责任，虽因此死都没有什么遗憾的。若你逃而被抓获，即使想宽恕你，也不敢了。"秦桧便听其言，找监军商量。监军说："中丞果然想南归吗？我们契丹人亦有逃归者，但回去后更受怀疑。怎么知道你南归后，宋人会认为你忠呢？你若果真想走，不必顾虑到我。"秦桧喜出望外，赶紧道谢说："公若允许，也不必问我南归后的祸福。"于是，监军同意秦桧南归。

不知陆游这段记载的来路，有学者以为"无非是得之道听途说"，因为《老学庵笔记》成书较晚，当时秦桧已死 40 年，所以绝非作者的亲历。其内容所载，也有颇令人困惑之处。就是那个金军的监军怎么那样富有人情味，居然同意秦桧南逃，甚至还愿意承担有关责任，这与古代战争环境所规定的文化氛围似乎也不太协调。但也有学者认为《老学庵笔记》的创作态度严肃而认真，史料价值较高，可信程度较大。尤其陆游是南宋著名的抗战派人物，政见与秦桧截然对立，若可知秦桧真是金人纵归的奸细，于情于理，陆游都决不至于为其护短。当时要想揭露秦桧的种种丑恶罪行，已经无所顾忌，根本没有必要为其掩饰什么。可见，陆游的这条史料是值得重视的，然而这条史料又仅为"孤证"，并不能说明多少问题。

再看纵归说。首先是朱胜非在《秀水闲居录》中的记载，它是指认秦桧为金人纵归的最早出处。其说秦桧随金人北去，为金人达兰郎君所任用。金骑渡江，秦桧同来，回到楚州，金人遣舟送归。秦桧为王仲山女婿，有产业在济南，金人在那里取了一千缗钱作为秦桧南行离别的赠礼。秦桧南归之初，自言杀金人之监己者，夺舟来归。但全家同舟，甚至奴婢也一起得回，人们都知道其不是逃归也。此说对后人影响很大，《林泉野记》等书的记载，基本上就是沿袭此说。史学家李心传为"胪采异同"，也在《建炎以来系年要录》的小注中对这段话加以收录。

其实这段话中疑点不少：如楚州距济南有上千里之遥，金人何必非从那里取王仲山之钱以为赠礼呢？有宋铜钱，一缗重五斤，千缗就是五千斤，秦桧长途跋涉去南宋，能带这么重的东西吗？更何况是称言逃归，这样不是露出马脚了吗？如果说这"千缗"并非铜钱，而是指金银的价值，那朱胜非又从哪里得而知之？秦桧《北征纪实》及上述逃归记载材料中，并无"自言杀金人之监己者，夺舟来归"之语，要知道秦桧随金军南征，既有人监视，像秦桧这么一个手无缚鸡之力的文官，哪有这么

容易就可将监视之人杀死而逃走呢？所以此说不知朱胜非从何而得来？本书既如此不利于秦桧，在朱胜非生前就颇难流传，反之就很难说没有后人的附益之辞。如末句"人皆知其非逃归也"，在朱胜非有生之年，朝野不会有此共识，当为后人推测之词。

所以有学者认为，《秀水闲居录》的这段记载不可信。朱胜非为南宋初大臣，早年曾追随黄潜善，诋毁李纲，排斥赵鼎，为时论所轻。他与秦桧的积怨也颇深，秦桧首次罢相，就由吕颐浩朕合朱胜非、黄龟年等人排挤弹劾所致。及秦桧复相，就对朱实施报复，朱被罢官居湖州八年而卒。《秀水闲居录》就撰成于他晚年退居秀水的日子里，其间朱胜非对秦桧已恨得咬牙切齿，不能排除朱因嫉恨而报复的可能性。从另一角度看，如果朱胜非真的掌握了秦桧为金人纵归的确凿证据，此事关系到南宋政权的安危，更是他再次扳倒政敌秦桧、邀功请赏的极好机会，他怎么会仅仅写于私记而不向朝廷报告呢？所以这段记载，可能来自于道听途说，也可能是个人的臆测，恐怕是攻讦的成分多于事实。

其次是无名氏的《中兴姓氏录》记载，说秦桧在大金国时，为徽宗作书上粘罕，以结和议。粘罕喜之，赐钱万贯、绢万匹。建炎四年，大金军攻楚州，乃使秦桧乘船舰全家厚载而还，使结和议为内助。秦桧至涟水军贼丁祀寨，诸将猜度说："两军相拒，岂有全家厚载逃归者？必大金使来阴坏朝廷，宜速追之，以绝后患。"贼军参议王安道、机宜冯由义力保护之，说："此人是朝廷大臣御史中丞，万一事平，朝廷追究起来，我军将被加罪，最好还是送之朝廷。"丁祀便令安道、由义送到镇江府。秦桧见大将刘光世，首言讲和为便，光世送之朝廷。

这段话的疑点也颇多。此时是宋急欲求和，而金往往拒绝之。秦桧为已成俘虏的宋徽宗上书粘罕，"以结和议"，粘罕怎么会高兴得赐他巨额钱、绢呢？金人如派秦桧作奸细，为何要使其"乘船舰全家厚载而还"，如此招摇，这不是自暴身份吗？秦桧至涟水军尚未查实身份，诸将就要追杀这位原朝廷大臣，于情理也不太相合。秦桧南归并未经镇江府，何以能见到大将刘光世？为什么秦桧在这时要说一番"讲和为便"的话呢？文中称南宋军队为"贼"，而称金国为"大金"，用词之颠倒乖异，其作者也令人生疑。

尽管秦桧南归后的所作所为，确实很像一个金国打入南宋内部的奸细，但人们也确实拿不出一条确凿的证据来加以证实。秦桧死后的一百余年间，人们对他十分痛恨，对他的南归，尤其是"全家得还"，觉得甚为可疑，但依然无一人能够提供出确凿的史料来证明秦桧就是金人纵归的奸细。若没有更新的史料发现，这个谜难以解开。

"莫须有"是什么意思？

宋朝名将岳飞"莫须有"三字狱是颇有知名度的。

"莫须有"，含义模糊，涵盖极大的冤枉，所以后来者凡提及岳飞冤杀，不用多言，只须以"莫须有"一言以蔽之可也。

所谓"莫须有"出典，乃是韩世忠和秦桧的一次对话。它最早出现于李心传《建炎以来系年要录》。相近文字还见于与韩世忠有关的赵雄所撰《韩蕲王神道碑》（《江苏金石志》卷十二）、《中兴小纪》卷二十九引《野史》、《金陀粹编》卷八《行实编年》，后来元脱克脱主修《宋史》就把这有关的一段稍作润色写进《岳飞传》："狱之将上也，

韩世忠不平，谐桧诘其实。桧曰：飞子云与张宪书，虽不明，其事体莫须有。世忠曰：莫须有三字，何以服天下？"（《宋史》卷三六五）

此中所称岳云给张宪的一封信，说是岳云要张宪起兵造反；同时，还写信与王贵。但是岳云张宪虽经严刑拷打，仍都坚决否认有此事。当时韩世忠已罢去枢密使重职，他是同年十月十三日岳飞被诱捕后半月（十月二十八日）主动解职、出任徒有虚衔的闲散职务，"横海武康安化军节度使充醴泉观使"的。据《岳飞传》称，他是在万俟（占内）控制的大理寺向皇帝送呈判决书时，前去宰相府找上秦桧的。

韩世忠对岳飞无故受屈，自然愤懑，尤其是他清楚岳飞的冤狱，还含有受冤者不愿罗织他人，而更遭到秦桧、张俊甚至是赵构所嫉恨了的。韩世忠坚决抗金，曾以公然出兵的行为，阻止魏良臣等出使金国议和。又因秦桧力主和议，韩指责其误国，言辞激切，并自请与金使面议，因此首当其冲为投降派嫉恨。秦桧之流原先是想利用岳飞拿他开刀，不料岳飞不接领子，反而力加劝阻，还向韩世忠通气。这样，赵构联系过去几年岳飞拥兵自重，不听宣招，更加火上添油，即拿他开刀了。

秦桧是杀害岳飞的第一帮凶和主要执行者，他所说的"莫须有"，追溯其源，实是秉承赵构意思，对此不便说明也不须说明、很难说明，因而就为后人带来争议，诸说不一。

通常的解释是，"莫须有"就是"或许有"（蔡美彪等著《中国通史》五，1978 年 4 月人民出版社），"也许有"（曾琼碧《千古罪人秦桧》，河南人民出版社 1984 年 12 月），或说"莫须有是当时的口语，相当于'可能有'的意思"（徐兴业《中国古代简史》，上海教育出版社1985 年 1 月）。

它们的意思同一内涵，它是和下句韩世忠责问"何以服天下"，互为呼应和连接的。

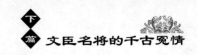

因此，王曾瑜认为，"莫须有"意即"岂不须有"。"宋时'莫须'两字常连用"，但他界定，此处之"莫，有岂不之意"（《岳飞新传》，上海人民出版社 1983 年 10 月）。柏扬也说，"莫须是一个不合文法的句子，无法解释，秦桧是江宁人（江苏南京），或许是当时江宁方言。根据情况推测，应是'不见得没有之意'。"（《中国人史纲》，时代文艺出版社 1987 年）

有人就"莫须有"提出不同见解。金毓黻认为，"莫须有，谓当有须有、尚须有也。宋人话中喜用莫字，莫须二字连用，见《长编》中非一，如曰，莫须与指挥、莫须曾商量皆是，凡此莫字作当字尚字解。莫为未定之辞，故世忠以为不足服天下"（《岳飞之死与秦桧》，重庆《文史杂志》第 6 期，1941 年 1 月）。王瑞明同此见。他的意见是秦桧对岳飞的冤狱要"竭力加以掩饰"。还认为秦桧"强词夺理"，不用两可之词，"授人以柄"，"故'莫须有'不能解为'大概有'"，而应赋于肯定之意。"（《'莫须有'辩》，《文史知识》1982 年 11 月）对此，王瑞来也持此说，他引用南宋宁宗时人徐自明《宋宰辅编年录》卷十六，"先是，狱之成，太傅韩世忠尝以问桧，桧曰：飞子云与张宪书不明，其事体必须有。世忠曰：相公言'必须有'，此三字何以使人甘心？因争之，桧不听。"王瑞来说，如果作'必须有'，就与'莫须有'的传统说法语意有歧。而王瑞明同志此文的解释倒是基本相合的，即秦桧是用一种肯定的口气来回答韩世忠的质问，而不是含糊其辞"。（《文史知识》1983 年第 4 期）李安《岳飞史迹考》也引用宋无名氏《冤狱记》说，当《刑部大理寺状》（即最高法院判决书）送到赵构面前，赵构召集文武大臣审议，"秦桧会于朝曰：必须有! 必须有，高宗在殿上，相距丈许，若无所闻者，听者皆默然。桧色厉而声颤动，重复言曰：岳飞子岳云与张宪书，其事体必须有。言时，回顾西班诸将臣，高宗目光亦与桧同，西班

中独张俊点首，示与桧意同。俊在班首，次为韩蕲王，又次为待卫亲军马步都虞候王德。德初目视殿上，闻桧言，微转首视蕲王，蕲王色变，趋前诣桧，相离不三尺，桧以笑答之。蕲王向桧争曰：必须有三字，何以服天下？何以使人甘心？桧不答，也无怒意。

高宗仍若无所闻，传旨退朝，钟鼓声大作，蕲王拂袖下殿，不悦而去。"此段双方对白和神态栩栩如生，写出秦桧是秉承赵构旨意，当然不能以"莫须有"含糊了之；称"必须有"，也可解释为"一定是有的"，其中仍蕴含有"应该是有的"内涵；如果以"莫须有"，是难以搪塞人口的。秦桧之奸诈、阴毒，也不致于采用这种含糊其词掩饰了的。

李安还引用俞正燮《癸已存稿》于"莫须有"三字考证。即这句话应谈作"其事体莫，须有"。俞正燮说，"此事桧言'其事莫'为一句，'须有'为一句。盖桧骄蹇，反诘世忠，诣其事？'莫'而后自决言'须有'，故世忠不服，横截其语，牵连一句，合'莫须有'三字何以示天下，此记言之最工者也。必须有，则三字非奇，不足折桧，又或解莫须有为，'不必无'，盖不知莫言绝句也"。所以有人认为，"这样的解释是合乎情理的"，"这是因为秦桧在复述'其事体莫'之后，借提顿的刹那，稍作迟疑和审度，以思考对策，然后才发狠说出'须有'两字，既搪塞了韩世忠的质问，又诬陷了'尽忠报国'的岳飞。这就把当时秦桧的心理，真实生动地表现出来了。"

"莫须有"三字是什么意思，人们大都从语言本身含意认知。中国文字是丰富的，多义词可以在不同的时空和背景有相背的解释。看来"莫须有"三字解，争论了几百年，现在还须继续下去。至于，"莫须有"争吵，韩世忠是否有两对秦桧质问，即一次在宰相府，一次在庙堂之上，秦桧态度由"莫须有"改为"必须有"等情由，这就有待再考证了。

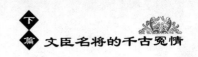
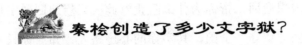

秦桧创造了多少文字狱?

臭名昭著的秦桧在南宋政府中,是第一个在兴文字狱者。这个有才无德的败类,官运可是一路亨通,在抗金战争中主张投降,这样的大卖国贼,却得到高宗赵构先生的宠信。这也充分暴露了南宋政府的腐败,也就知道了赵构的治国水平。由秦桧就想到了岳飞的死,十二道金牌成了催命符,抗金的忠魂在风波亭哭泣,漫天大雪在丛林中披挂素缟致千古默哀。一份"绍兴和议"割让唐、邓二州,并每年向金国贡银二十五万两、绢二十五万匹,以此沉重的代价换来短暂的"太平",这太平是什么? 是虎视眈眈下的羸弱的羊羔,是身患黄水肿的一种虚胖,是惊雷滚滚前的黎明,是火山爆发前的岭峰,秦桧的那支订立和议的魔笔一滩奇臭的墨水污染了民族气节,冲噬了国家命运。于是,他成了爱国者的众矢之的,文人们站起来对他口诛笔伐,强烈的雪耻之感像火焰烤得秦桧周身灼痛,于是他像虎狼一样咆哮起来,对文人们进行残酷的镇压,他大继北宋文狱之风,并且变本加厉,将文字狱变成了他的护身符,且一生受用,时间越长,文人的厄运也就随之而长。

第一个倒霉的是枢密院编修胡铨。靖康之乱后,高宗赵构在金人面前吓破了胆,听取秦桧之意准备议和。高宗以迎还徽宗校梓宫和太后为名,准备向金国奉表称臣,任命王伦为国信计议使,前往全国商议订盟事项。为了表现他的民主,特向大臣们征求意见,得到的结果是一致反

对，高宗想借以孝行感动大臣们，然而这份虚伪的孝行被大臣们看透，历史上虽有不爱江山爱美人的前范，你赵构想以迎回徽宗的棺木和太后为名，想得个不爱江山尚孝行的美名吗？那汴京失守后，徽钦二帝被金国掳去，岳飞统军出击想迎回二帝你为什么阻止？此次只想迎回徽宗棺木和太后，还想让钦宗"留守"全国，其实你的心迹路人皆知。你只是怕他们回后，你的帝位就难保了而已。此时，你为何没想到孝行？在国事和家事面前，你选择了"国事"，"所谓顾国不顾家"，你现在选择"家事"，就"顾家不顾国"了？要投降，要卖国，作为民族士子，谁个不反对呢？

于是，胡铨挺身而出，向赵构呈上一篇《戊午上高宗封事》大意为：

王伦本一狎邪小人，市井无赖，顷缘宰相无识，遂举以使虏，专务诈诞，欺罔天听。父子为虏，而伦又欲陛下效之。夫无下者，祖宗之天下也，陛下所居之位，祖宗之位也。奈何以祖宗之天下为金虏之天下，以祖宗之位为金虏藩臣之位！陛下一屈膝，则祖宗庙社之灵尽执尽为陪臣，天下士大夫皆裂冠毁冕，变为胡服。

堂堂大国，面拜犬豕，曾童孺之所羞。王伦不足道，秦桧以腹心大臣而亦为之。陛下有尧、舜之资，桧不能致君如唐虞，而欲导陛下为石晋。秦桧，大国之相也，反驱衣冠之俗，则为陛下之罪人！臣备员枢属，义不与桧等共戴天。

这篇疏文，有如一碗尖嘴辣椒汤呛得秦桧浑身燥热，有如一盆开水朝秦桧光头一淋。可恶的秦桧变成了一只疯狗，是疯狗就要咬人，疯狂的报复开始了，泄牙露齿一阵猛扑，就把胡铨咬成"狂妄凶悖，鼓众劫持"的罪名，遣送昭州编管。朝野知情后，公愤如潮，呼声极高，疯狗的嚣焰稍敛，将编管的处分改为监广州盐仓，次年改签书威武军判官。奸恶的秦桧决不会就此罢休，他还要伺机惩治胡铨，机会来了，绍兴和议订立后，徽宗梓宫和韦太后被金人归还，秦桧的记忆力也确实强，他还记得胡铨的疏文中有"梓宫决不可还，太后决不可复"的话，便唆使谏官罗汝楫追劾胡铨"饰非横议"。这真是抠窟窿生蛆，徽宗的梓宫和太后被迎回，这当然是件好事，胡铨的猜测没有兑现，就要给他罪名，如果猜测是准确的，你秦桧就要表扬不成？文字狱的定律不是顺理成章，而是随时可以变形，他最终的目的是以冤整人，以小扩大，且"芝麻开花节节高"，公报私仇也要搞一个花架子，表面看来好象是无比的忠君。胡铨逃不脱秦桧的魔掌，得了个加重处分，编管新州。满腹悲愤的胡铨写了一首《好事近》的词：

富贵本无心，何事故分近别？空使猿惊鹤怨，误薜萝风月。囊锥刚要出头来，不道甚时节。欲驾巾车归去，有豺狼当辙。

胡铨的言行逃不过文字狱的网络，秦桧上有靠山，下面也有爪牙，当地官员张棣就将这首词密搜而去，向秦桧举劾胡铨谤讪怨上，于是胡铨再度处理到海南崖县，秦桧死后才减刑内移。富有戏剧色彩的是，胡铨倒霉透顶，可他的那篇疏文却名闻天下，一时被广泛传抄，刻印，连金国也重价求购，十分称赞胡铨的忠君之德和文章之才。然而悲事又来，凡是传抄刻印者都被重处，官员遭流放，百姓遭刑法。受牵累的官员有，宜兴进士吴师古，监登闻院陈刚中，荣陵县丞王庭圭，著名词人张元千，武军通判方畴。这一记文字狱是南宋的第一大狱，由胡铨疏文而起，这是典型的公报私仇狱，这么多官员受累，实际上给朝廷带来了不少损失。秦桧这样胡作非为，赵构一定是知道的，然而他能说什么呢？他能怪罪他的苟且偷安的护身符吗？大权在握的秦桧也不会怕胆小如鼠的赵构，尽管秦桧依附着赵构，但在他的内心肯定是不会把赵构放在眼里的。可怜的高宗赵构还十二分感激秦桧为他订立了和议，并为他家的楼阁亲笔提写匾额"一德格天阁"。他的文字狱会就此罢休吗？不可能，他还要斩

杀与他作对的人，他在一德格天阁中列下了一份"黑名单"，主要人物是参知政事李光、前任宰相赵鼎，再就是胡铨。他为相19年，朝廷的许多大臣都重受文字狱之苦。可幸苍天有眼，秦桧终究要恶命亡灰，他死之后，受文字狱之害的官员我被召还，孝宗赵慎明令禁止兴文字狱，并十分重视知识分子，尊重朝廷大臣，他在位16年，是知识分子扬眉吐气的16年，是朝廷大臣敢说敢谏的16年，是脆弱的文人们不做恶梦的十六年。然而，16年太短了，它只是光明的一瞬，像流星一样一扫而过。文人的遭难没有尽期，风雨飘摇的日子还会随时到来。宁宗驾崩，光宗登位，短短五年过去，就是宁宗赵扩。他一登位权臣乱政的丑剧又开始上演，操纵文字狱的魔手是知阁门事韩侂胄，右相史弥远，他们大概是研究过文字狱，了解文字狱对他们这类人的甘甜，因而大兴不减，愈演愈烈，正因如此，才使大宋渐渐走向尾声，历史就是这样残酷无情，文字狱上演的速度与王朝灭亡的速度成正比，而文字狱猖狂的啸声与王朝发展的跫音成反比。上演的速度愈快，灭亡的速度也愈快；猖狂的啸声愈急，发展的跫音就愈弱。这是定律，也是辩证法，历史确实不需要这样的定律，但却无法拒绝；历史会尊重这个辩证法，但却无法修改。这是历史的悲哀，是王朝的大恸，是人性的伤痕。

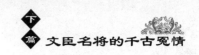

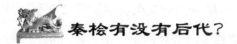

秦桧有没有后代？

关于秦桧的子孙和亲族，曾琼碧教授《千古罪人秦桧》的专著，以及十分爱国的已故美籍华人史学家刘子健《秦桧的亲友》专文（刘子健《两宋史研究汇编》），还有《李清照生母以及与秦桧的亲戚关系考辨》等文，都有介绍。本篇旨在论述，秦桧虽有养子秦熺，与他并无血缘关系，而一个真正有血缘关系的儿子又无法姓秦。

秦桧是中国历史上有名的奸臣、汉奸，独揽大权，贪赃枉法，制造冤案，残害忠臣，实行不抵抗的政策而遗臭万年。他本来是抗金义士，后来随同徽、钦二宗被掳到金国。建炎四年（1130年）南返南宋。此后，辅佐宋高宗，官至宰相。在南宋朝廷内属于主和派，反对国内主战派的势力，奉行称臣、割地、纳贡的求和政策。当中最为世人所知"十二金牌召岳飞"的故事就是由他一手通敌策划的。

金人规定宋高宗不许以无罪罢宰相。秦桧再次任相18年，兴文字狱，极力贬斥主张抗金的官员，压制抗金舆论，篡改官史。他还任用李椿年等推行经界法，丈量土地，重定两税等税额，又密令各地暗增民税十分之七八，使很多贫民下户因横征暴敛而家破人亡。

绍兴二十五年，秦桧病死，被封申王，谥号忠献。其子秦熺力图继承相位，被宋高宗拒绝。秦家从此失势，使长期被压抑的抗战派感到为岳飞平反昭雪有了希望，要求给岳飞恢复名誉。后来宋孝宗为鼓励抗金

斗志，给岳飞平反，将秦桧列为致使岳飞之死的罪魁祸首，秦桧后被褫夺王爵，改谥缪丑。相传民间为解秦桧之恨，用面团做成他的形象丢入油锅里炸，称之为油炸桧，后来演变成今日的油条。

秦桧本人出身门第并不高贵，据《三朝北盟会编》卷220引《中兴姓氏录》说，他父亲秦敏学是个县令，生有四子，秦桧派行第三，字会之。他的妻子王氏史书无名，是宰相王珪的孙女。王珪在宋神宗朝任相，而庸碌无能，《宋史》卷312《王珪传》说，他上殿前，说是"取圣旨"，皇帝可否以后，说是"领圣旨"，下殿则称"已得圣旨"。时称"三旨相公"，成为政治笑料。他的四子王仲（山完）。当时流行榜下择婿之风。秦桧在二十六岁时中进士，"初擢第，王以其子妻之。后避靖康讳（宋钦宗赵桓名讳），改名仲山"。（《玉照新志》卷6）

王家时北宋后期的名门望族，秦桧同意这门亲事，当然有攀龙附凤之意。然而夫妻间却没有平等可言。悍妒的王氏对丈夫管制很严，'桧素畏内，妾尝孕，逐之，生子为仙游林氏子，曰一飞，"其兄一鸣，弟一鹗"（齐东野语卷11《曹泳》）。直到秦桧任相，在朝中不可一世，而在家里却仍然"畏内"，即今人所谓"妻管严"。宋朝的婢和妾有时难于分辨，女婢被雇后，主人可以占有她们的身体，另一记载说："林一飞乃秦作教官时婢所生，夫人不容，与同官林家养"（朱子语类）卷131）揆情度理，王氏根本不可能允许秦桧正式纳妾，她也一直未为秦桧生过一个儿子。

秦桧的妻兄王（日央），也与秦桧同患"妻管严"症。据《挥麈录余话》卷2记载，王（日央）的岳父是宰相郑居中，其妻"郑氏怙势而妒"，也将一个女婢所生的儿子逐出家门。王（日央）在无可奈何之中，就将这个庶子寄养在伯父王仲嶷家中，王仲嶷的儿子王时"骄而傲，每凌辱之"。按古代的习惯，不孝有三，无后为大。后来秦桧夫妻被金人俘虏北上，王（日奂）就将这个庶子"冒姓秦，以为桧嗣，立名为熺，"作为秦桧的养子和后嗣，秦桧归宋之初，"喜"，就将秦熺"以己子视之"（《会编》卷143）。秦熺和林一飞的命运有相似之处，她们的幼年都并不幸福。

秦桧专权以后，秦熺当然宦运亨通，而林一飞也迫不及待地找上门来。在林一飞和秦熺的比较之中，秦桧很快地偏向亲子，而对养子愈来愈嫌恶。《三朝北盟会编》卷220引《中兴遗史》说"有伶人作杂剧之戏"，秦熺"笑声微高。桧目之，不语。"他出去后，"妻王氏使人探之，乃在一室中默坐，"实际上是"叹其子不足以相副也"。另一说秦熺"蠢騃，尝燕亲宾，优者进妓，熺于座中大笑绝倒，桧殊不怿"。秦桧有一亲信，名叫曹泳，他"尝劝桧还一飞，以补熺处"（《会编》卷143）。秦桧晚年开始重用林一飞，林一飞官至尚书省有司员外郎，实际上掌管了宰相的日常事务。他与林一鸣、林一鹗"恃权挟势，辄得进用"《要录》卷168）。"秦桧每有所欲为事，讽令台谏知后，只令林一飞辈往论之"（《朱子语录》卷131），从一般情理上推断，秦桧成为林一飞为亲子，似应不成问题。

然而在事实上，秦桧至死也无法将林一飞改姓秦，其故非他，王氏无疑是一道不可逾越得障碍。秦桧晚年权势达到了颠峰状态，却又有许多矛盾和苦恼，不得认亲子，就是其中之一。

秦熺和林一飞、曹泳虽然都是秦桧亲党，却已开始明争暗斗。如对秦熺阿谀奉承的汤鹏举，就由曹泳通过言官张扶劾罢）（《要录》卷168，卷169）。秦桧死后，宋高宗开始在朝廷清除秦党。尚书省右司员外郎林一飞和他的兄弟也被罢官，他通过族人尚书"论进退大臣当以礼。"于是贬官到当时尚属炎荒的岭南，责"一飞监高州盐税"（《要录》卷170，171）。绍兴三十年（公元1160），林一飞死于高州（《要录》

卷186)。

《朱子语录》卷131说，宋廷曾询问王氏，王氏坚决否定林一飞是秦桧之子，"自陈云："妾有几子，林非是。"林遂贬何地。林死有子，今无禄，乃桧亲孙也。" 《宋史翼》卷40引《附件通志》，将林一飞列入《奸臣传》，却没有交代林一飞是秦桧的庶子，不能不是一大缺陷。

秦氏家族，秦桧一代的人名是"木"字旁，其子、孙和曾孙分别是"火"、"土"和"金"字旁。《宋史》卷449《忠义传》载有秦钜，说他是"宰相桧曾孙"，任蕲州通判。他虽说是秦桧曾孙，其实与秦桧没有血缘关系。秦桧亲子林一飞的后代湮没无闻，而后世秦姓者，不论他是否承认是秦桧的后代，其实与秦桧都没有血缘关系。

秦桧专权擅国之谜

《宋史》中记载，金宣宗贞祐二年（1214年），中书舍人孙大鼎上书追述秦桧被女真贵族纵归南宋的事说，金太宗天会八年（1130年），大臣们在黑龙江柳林集会，担心宋朝复兴。宋朝臣赵鼎、张浚志在复仇，宋将韩世忠、吴阶知于兵事.这样既不可威取，又要看到结仇已深，势难使南宋人民屈服，还是暗中先放纵为好。另在《金国南迁录》中记载，金国大臣考虑南宋复仇事，议及放纵秦桧归国，鲁王说，只有放宋臣先回，才能使他"顺我"。忠献王粘罕说，这件事在我心里已酝酿三年了。只有一个秦桧可用.我喜欢这个人。"置之军前，试之以事"，表面上虽然拒绝，而内心中经常能"委曲顺从"，秦桧始终主张"南人归南，北人归北"的政策，今天如能放他回南宋，他必得志。就这样金人决定放秦桧南归.结果不出粘罕所料，秦桧回到临安就力主和议，窃踞相位，专权擅国，残杀抗金将领。其后，使南北对峙局势基本形成。《宋史·秦桧传》记载，南宋政府虽几次派代表与金朝谈判，但仍是一边防守，一边议和。而专与金人解仇议和，实际是从秦桧开始的。因为秦桧在金朝时，首倡和议，所以他南归后，就成为女真贵族的代理人。

绍兴九年（1139年），秦桧不顾赵鼎、胡铨、韩世忠、张浚、王庶、岳飞、李纲等反对议和的上书，签订了第一个宋金和约。赵构怕事，装病躲进宫中，由秦桧代行皇帝职权，跪拜在金使面前，签字画押.从此，秦桧在朝廷中的身价提高了，宋金战和问题开始由他左右。

就高宗当时的思想状况来说，是经常动摇于和、战之间的。靖康以后，群雄割据，义军蜂起，如果高宗专意求和、乞降，谁愿意投到他的麾下去当陪臣？事实上，当时四分五裂的局面，很快能统一起来，各种政治势力很快能聚合起来，说明高宗还没有把"抗金恢复"的旗帜丢掉，还有一定的号召力和凝聚力。建炎年间，南宋政权立足未稳，金人必欲消灭而后已，高宗有心乞和而不可得。建炎三年，高宗被金人从扬州一直追到明州，追到海上。建炎四年，金军从江南退出，高宗从温州回到越州，再回到杭州，南宋政权才逐渐立住脚跟，先后出任宰相的吕颐浩、赵鼎、张浚等人，都是立足于守与战的。虽多次遣使通和，大体上都是从策略上考虑的，按照吕颐浩的说法是"贻书以骄之"，"示弱以绐之"，"出其不意，乘时北伐"。绍兴二年，吕颐浩请求兴师北伐，绍兴四年赵鼎请求御驾亲征，绍兴七年张浚请求高宗驻跸建康，高宗虽然不十分坚定，毕竟还是同意了。

高宗专意乞和，则是绍兴八年秦桧再相以后的事。正像朱熹所曾指

出的那样："秦桧之罪所以上通于天，万死而不足以赎买，正以其始则唱邪谋以误国，中则挟虏势以要君，……而末流之弊，遗君后亲，至于如此之极也。"（《戊午谠议序》）

秦桧"始唱邪谋"，应该从他代徽宗上书完颜宗翰算起，在那封书中明确表示"世世臣属，年年进贡"，因而深得宗翰的赏识，宗翰把他推荐给金太宗，金太宗又把他赐给完颜昌。南归以后，初见高宗，即首建"南自南，北自北"之议，进呈了代拟的乞和"国书"，这份"国书"后来改用刘光世名义发出，高宗因之许以"朴忠过人"。但这时南宋的军事力量正在逐步加强，主战派在朝中还占有相当重要的地位，金廷掌权的宗翰一派，还不愿放弃消灭南宋的主张，高宗也还动摇在和战之间，所以，这一阶段持续的时间较长。直到完颜宗翰死后，完颜宗磐、完颜昌掌握了金国的大权，对南宋采取了诱降政策，秦桧东山再起，主战派在自相倾轧中内外受挫，高宗才逐步转向专意乞和。

秦桧是在赵构委托他充当对金投降的全权代表之后，才开始进入朱熹所说"中则挟虏势以要君"阶段的。进入这一阶段之后，朝廷一切重大举措，都取决于秦桧，高宗几乎不可能独立作出任何决定。秦桧在南宋王朝中所处的地位，便不再是居于皇帝赵构之下，而是能够玩弄赵构于股掌之上，是赵构必须仰承他的鼻息的一个人物了。

当时有个叫胡铨的官员反对"讲和"，并上奏章乞斩秦桧之头，就正是在秦桧挟金人之势以要君的阶段所奏进的。他立即受到秦桧的打击，由秦桧亲自拟定，把他贬往"昭州（今广西平乐县）编管"。他因"妾孕临月"，想稍迟数日起程，结果被临安府"遣人械送贬所"。几天以后，秦桧还觉得对胡铨的处分太轻，未必能使反对"讲和"的人从此钳口不言，遂又胁迫赵构特地下了一道诏令，说胡铨的上疏是"肆为凶悖"，"导倡凌犯之风"，戒谕中外，不许效尤。（均见《建炎以来系年要录》

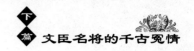

卷 124。）

这可见，进入"挟虏势以要君"这一阶段后的秦桧，已经是老虎屁股碰不得了，他的权势已经可以说是一手遮天，无孔不入了。对这样一个人而若还称之为"区区一桧"，还认为他"亦何能"，那若不是真的昧于当时的历史形势，就只是被认为是有意为秦桧的各种罪恶行径进行开脱了。

宋金第一个和约签订不到一年，金统治集团内部就发生了政变，对南宋主张用诱降讲和策略的挞懒被杀，宗弼（兀术）上台。从绍兴十年（1140 年）起，金撕毁和约，以宗弼当统帅，挥军直取河南，陕西。南宋抗金将领岳飞、刘锜在人民群众的支持下，痛击金兵，打出了一个大好局面。金兵将校纷纷准备投降，甚至素以狡悍著称的金帅乌陵思谋，也控制不了部下，只能下令待岳家军到即降，金将军韩常想以五万骑兵内附，岳飞迎着胜利的形势，非常高兴，对部将们说："直抵黄龙府（今吉林农安，女真族根据地），与诸公痛饮耳！"

正待不日渡河，而秦桧却想把淮河以北土地送给金朝，命岳飞退兵.岳飞给朝廷的报告说："金人锐气丧失，气节败坏，把装备粮草全部丢弃，疾走渡河。而我军将士听命效劳，所向披靡，时不再来，机难轻失。"要求乘胜进军。秦桧深卸岳飞抗金意志不可夺，就先撤张俊、杨沂中的军队，而后说岳飞孤军不可久留，严令迅速退兵。

绍兴十一年（1141 年）四月，秦桧唯恐重要将领难于驾驭，就想法收他们的兵权，以扫除不利于他投降活动的障碍。于是密奏召三大将韩世忠、张俊、岳飞入朝，"论功行赏"。三将到临安，韩世忠、张俊被任命为枢密使，岳飞为副使（枢密使、枢密副使都是负责军国要政的）。明升官职，实解兵权。同时还撤销了专为对金作战而设置的三个宣抚司。

宗弼得知秦桧解除三大将兵权，自毁长城的消息后，就乘机一再对

南宋进行军事威胁。他通知赵构说，各路大军水陆并进，南下问罪，示意，如肯顺降，须以淮水为界，把淮水以北土地和人民割让给金国。绍兴十一年（1141年）九、十月间，秦桧按金人授意，兴起岳飞之狱.他派谏官万俟卨收集伪证，组织狱词，罗织罪名。秦桧又串通张俊，收买、勾结岳家军重要将领张宪部将王贵、王俊等人，秉承秦桧意旨，诬告张宪欲据襄阳为变，以谋恢复岳飞兵权.张宪遂被捕入狱，将岳飞，岳云父子也送大理寺（南宋最高审判机关）。岳飞被捕后，秦桧加紧投降活动。十一月，宗弼派萧毅到临安，提出"划淮为界，岁币银绢各二十五万，割唐、邓二州"为议和条件。这就是宋金第二个和约，史称"绍兴和议"。

和约签订后，秦桧按照皇帝意图，变本加厉地迫害岳飞等人。岳飞被捕已两月有余，"罪状"还没编造好。一天，秦桧独居书室，吃了柑子，用手指划柑皮，若有所思。秦桧妻王氏素来阴险，看见秦桧的动作就讪笑着说，"老汉怎么一直没有决断呢! 捉虎容易，放虎难哪!"秦桧听懂了王氏的意思，写一张小纸片送狱吏。

当时秦桧既已"挟虏势以要君"既已能把赵构玩弄于股掌之上，则其权势之伸展和渗透到政治、军事、财政、刑法各个方面。自亦是"事有必至，理有固然"。单就刑法这一方面来说，则如徐自明的《宋宰辅编年录》卷十六于秦桧死后所概括叙述的：

法寺禁系公事，并不遵用法律，唯视秦桧一时之私意，死则死之，生则生之。笞、杖、徒、流，一切希望（秦桧）风旨。故桧权益重，势益盛，天下之人益畏而忌之。

秦桧死后不久，在赵构所发布的一道诏令中，对秦桧的擅生杀之权的事也已经加以揭露了。据《建炎以来系年要录》卷170，绍兴二十五年十二月甲申（1156年1月5日）载：

诏：命官犯罪，勘鞫已经成，具案奏裁。比年以来，多是大臣便作"已奉特旨"，一面施行。自今后，三省将上取旨。

这里面的所谓"大臣"，当即专指秦桧而言；所谓"便作'已奉特旨'"实即"假传圣旨"亦即"矫诏"的同义语。在此诏中虽则未将岳飞狱案明确指出，但其必然把这一狱案包括在内，却是断然无疑的。在《宋史·刑法志》当中，就更明确地指出，岳飞父子和张宪的冤狱，完全是由皇帝所造成的。其文曰：

诏狱本以纠大奸慝，故其事不常见。……（绍兴）十一年，枢密使张俊使人诬张宪，谓收岳飞文字，谋为变。秦桧欲乘此诛飞，命万俟卨锻炼成之。飞赐死，诛其子云及宪于市。

广西帅胡舜陟与转运使吕源有隙，源奏舜陟脏污僭拟，又以书抵桧，言舜陟讪笑朝政。桧素恶舜陟，遣大理官往治之。十三年六月，舜陟不服，死于狱。

飞与舜陟死，桧权愈炽，屡兴大狱以中异己者。名曰诏狱，实非诏旨也。其后所谓诏狱，纷纷类此，故不备录云。

与当时的许多史实联系起来，例如，在岳飞系狱之后，凡要搭救他的，大都是去与秦桧交涉和争辩，上疏给赵构进行谏阻的人则极少，这就可以知道，《宋史·刑法志》的这段叙述，每一句都是切合实际的。其中的论断，也全都十分公正。"名为诏狱，实非诏旨"，最能反映出秦桧制造岳飞父子及张宪这次冤案的真实情况。所以，只要我们能够平心静气、实事求是地研讨这一历史事件，我们便无法否认，皇帝是残害岳飞父子和张宪的元凶。

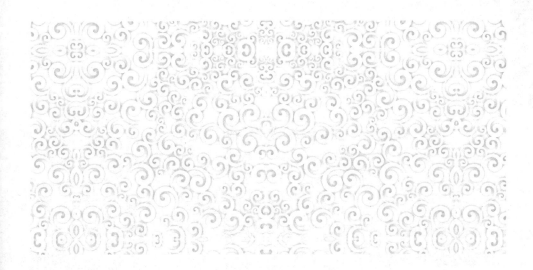

附　录

武将狄青的功过谜案

　　狄青是河东汾州西河人，自幼家境贫寒，长大后只能靠参加军队来谋条生路。

　　韩琦、范仲淹刚到陕西的时候，有人向他们推荐，当地军官中有个叫狄青的，英勇善战，有大将的才干。范仲淹正需要将才，听了这话，很感兴趣，要部下把狄青的事迹详细说一下。

　　狄青本是京城禁军里的一个普通兵士。他从小练得一身武艺，骑马射箭，样样精通，加上胆壮力大，后来被选拔做了个小军官。西夏的元昊称帝以后，宋仁宗派禁军到边境去防守，狄青被派到陕西保安。不久，西夏兵进攻保安。保安的宋军多次被西夏兵打败，兵士们一听说打仗都有点害怕。守将卢守勤为了这件事正在发愁。狄青主动要求让他担任先锋，抗击西夏军。

　　卢守勤见狄青愿意当先锋，自然高兴，就拨给他一支人马，跟前来进犯的西夏军交战。

　　狄青每逢上阵，先换一身打扮。他把发髻打散，披头散发，头上戴着一个面具，只露出两只炯炯的眼睛。他手拿一支长枪，带头冲进敌阵，东挑西杀。西夏兵士自从进犯宋境以来，没有碰到过这样厉害的对手。他们看到狄青这副打扮，已感到害怕了。狄青和宋军猛冲了一阵，西夏军便阵脚大乱，纷纷败退。

狄青带领宋军打了一个大胜仗。捷报传到朝廷，宋仁宗十分高兴，把卢守勤提升了官职，狄青提升四级。宋仁宗还想把狄青召回京城，亲自接见。后来因为西夏兵又进犯渭州，调狄青去抵抗，不得不取消了召见的打算，于是仁宗叫人给狄青画了像，送到朝廷。以后几年里，西夏兵不断在边境各地进犯，弄得地方不得安宁。狄青前后参加了25次大小战斗，受了八次箭伤，从没有打过一次败仗。西夏兵士一听到狄青的名字，就吓得不敢跟他交锋。

范仲淹听了部下的推荐，立刻召见狄青，问他读过什么书，狄青出身兵士，识字不多，要他说读过什么书，他答不上来。范仲淹劝他说："你现在是个将官了。做将官的如果不能博古通今，只靠个人的勇敢是不够的。"接着，他还介绍狄青读一些书。狄青见范仲淹这样热情鼓励他，十分感激。以后，他利用打仗的空隙刻苦读书。几年中，他把秦汉以来名将的兵法都读得很熟，又因为立了战功，不断得到提升，名声更大。

有一年，狄青要出守边塞，他的好朋友韩将军向他推荐了一名猛士，这名猛士叫刘易。刘易熟知兵法，善打恶仗，对狄青守卫的那段边境的情况非常熟悉，狄青带他一起到边境去十分必要。然而刘易有个不好的嗜好，就是特别爱吃苦口菜，一顿饭吃不到苦口菜就呼天喊地，骂不绝口，有时甚至动手打人，士兵、将领都有些怕他。

刘易和狄青一起到边塞后，每天忙于军务，早起晚睡，很快从内地带的苦口菜就吃完了，而边塞又见不到这种野菜。这天，士兵送来的菜里缺少了苦口菜，刘易便把盛饭菜的器皿掀翻在地，并在军营中大闹不止，有士兵将情况报告狄青，狄青听了非常生气。

一般来说，在戍边军队中不能有这样的人，但刘易确实与众不同。狄青考虑，与这种性格刚烈的人发生正面冲突，不仅破坏了自己与韩将军的朋友关系，而且会影响刘易的情绪；如果放任不管，则会动摇军心，

影响戍边大业。于是，狄青出面好言安抚刘易，并立即派人回内地去取苦口菜。有些将领见到这种情况，非常不服气，说狄将军骁勇善战，屡建奇功，那刘易何德何能，却要狄将军放下军务派人去给他弄苦口菜吃。特别气盛的将领还要去与刘易比一比武艺，杀一杀刘易的威风。狄将军急忙劝阻众将说："刘易一来不是我的部下，如果你们与他计较，争强斗胜，传出去势必会给敌人以可乘之机。我们现在要加强团结，不争一时之短长。"

这些话传到刘易的耳中，他非常感动。狄将军派人专程去弄苦口菜，刘易觉得得到了别人的同情和理解；狄将军劝阻将领勿争强斗胜，刘易觉得是真正顾全大局，宽宏大量。在这种情况下，自己不该再给非常忙碌的狄将军添麻烦。

过了几天，刘易懊悔地去找狄青，说："狄将军，您治军严整，我在韩将军手下时就有耳闻。这次我因这么点小事就大闹，您不仅不责怪我，还原谅了我，我一定会报答您。"从此，刘易再也没为苦口菜闹过事，并且逢人便夸狄将军的宽阔胸怀。

宋仁宗皇祐四年（公元 1052 年），狄青调回京城，担任枢密副使。不久，南方的侬智高起兵反宋，闹得不可开交。侬智高是宋代羁縻广源州的世袭豪强，那里原来是唐朝的略使辖界。侬智高不堪忍受李朝的压迫，起兵造反，建立政权，要求宋朝册封，但宋朝不愿与李朝交恶，拒绝了他的要求，侬智高转而迁怒于宋朝。公元 1052 年，侬智高偷袭攻陷了南宁，建立"大南国"，建元称帝，和宋朝分庭抗礼。然后挥兵连下广南路十几州，兵锋直指广州，围攻两个月不能攻下，才退回南宁。

宋仁宗虽然调派了援军，但广南路一向缺乏战备，兵器锈钝，不堪征战，守城官员不是战死就是逃亡，满朝文武一筹莫展。狄青主动请求出征广南，讨平叛逆，仁宗就任命他为经略广南战事，却又不放心这位武将，要派一个宦官当监军，有人认为宦官监军不足法，宰相庞籍也不同意，仁宗才下令岭南诸军全听狄青号令，并亲自为他置酒壮行。

狄青到达岭南后认为敌人士气旺盛，宋军新败需要恢复，而且南方各军良莠不齐，只能用来声援，难以作战，命令诸军不得贸然出战，一切听其号令。但广南西路兵马使陈曙、殿直事袁用等贪图功劳，贸然出战昆仑关，大败而还，又丢弃溃军脱逃战阵，全部黜以军法处死，其他将领心惊胆战，军纪大为改观。

狄青又在元宵节下令大军休整十天，麻痹敌人的军中密探，然后在第二天突然进军到达昆仑关口，封锁消息，命令大军驻守关外，只率领本部兵马和先锋张玉连夜绕到昆仑关之后，在归仁浦迎击敌军主力。他所率的军队都是西北的藩人骑兵，直接冲击敌军的步兵，然后先锋张玉的步兵突入形成夹击之势，一场血战大败敌军，依智高的军队被斩首6千多人，俘虏500人，自相踩踏死伤不计其数，只能逃往大理。广南全境就此平定。

狄青只此一战就平定了声势浩大的依智高之乱，回到开封后，仁宗打算重用他，力排众议授予他枢密使的职权。一个小兵出身的人当上枢密使，这是宋朝历史上从来没有过的事。有些大臣嫌狄青出身低，劝仁宗不要把狄青提到这么高的职位，但是宋仁宗这时候正是重用将才之时，没有听这些意见。狄青当了枢密使，有人总觉得他的出身和地位太不相称。有一个自称是唐朝名相狄仁杰后代的人，拿了狄仁杰的画像，送给狄青说："您不也是狄公的后代吗?不如认狄公做祖宗吧!"狄青谦虚地笑了笑说："我本来是个出身低微的人，偶然碰到机会得到高位，怎么能高攀狄公呢?"

狄青在其任职的四年中，每次出入府邸，开封的平民和军士都会前呼后拥，堵塞街道，争相观看，他们都把军士出身的狄青视做英雄。宋

仁宗曾要他消去脸上的金印，但狄青自豪地表示要让天下人都知道出身低贱的人也可以建立奇功，成为国家栋梁。国家要改变重文采、轻武将的社会风尚。狄青出身行伍，脸上是刺有字的。宋代兵士和犯人都照例刺字，犯人刺在脸上，兵士有时刺在手背上，有时刺在脸上。刺字同时涂墨，墨痕深入皮肉，水洗不去，历久格外明显，所刺的字称为"黥文"，正是出身行伍的标记。狄青由小兵累立战功，做到枢密使，自己看来，这脸上的表记，是很光荣的，但旁人却常借此取笑他或骂他。

狄青在定州做副总管时，一天赴知州兼安抚使和都总管韩琦的宴会，有个侍宴的妓女名叫牡丹的向狄青劝酒说："劝斑儿一盏"意在讥笑他脸上的黥文。一个妓女居然敢当面讥笑副总管，可见出身兵士的人如何被人轻视了。又据《孔平仲谈苑》引《魏公别录》，狄青在定州，有一天宴请韩琦，邀布衣刘易作陪。席间"优人以儒为戏"，刘易以为乃狄授意，勃然大怒说："黥卒敢尔！"把他骂个不歇，连碗盘都摔碎了。狄青一点儿不动气，次日还亲自向刘易致歉。还有一次，韩琦要杀狄青的旧部焦用，他立在阶下为焦用求情说："焦用有军功，好男儿。"韩琦讥讽道："状元及第的才是好男儿，焦用一介武夫，哪有这个资格？"硬是当着狄青的面杀掉了焦用。这简直是给他难堪。他不堪韩琦的欺负，每每说："韩枢密功业官职与我一般，我少一进士及第耳。"

其实，狄青的功业远过韩琦，少一进士及第并不算什么。但在当时，少一进士及第，硬是不得不低头受气了。后来他由延州知州入为枢密副使，枢密院派人迎接他，等了几天，他还没有来。迎接的人骂说："接一赤老，屡日不来！"原来开封一带俗称兵士为赤老，因此许多文人都称他为"赤枢"。这也可见兵士出身的人，就是做到与宰相同等地位的高官，仍不免要被人瞧不起。及至他做到枢密使，科第出身的王尧臣方为枢密副使。尧臣笑他脸上的黥文说："愈更鲜明。"他不客气地回答说：

"莫爱否?奉赠一行。"不仅同僚讥笑他，皇帝也看不惯他脸上的黥文。

宋仁宗曾命王尧臣传谕狄青把脸上的黥文用药除去，狄青不肯奉诏，对王尧臣说："青若无此两行字，何由致身于此?断不敢去，要使天下贱儿知国家有此名位待之也。"他这几句话，真是为当时的武臣出气了，可是不免忤旨。狄青的战功，在当时是无与伦比的。他在西北抵御赵元昊进犯，很有功绩，他在广南平定侬智高之乱，尤其是有不可磨灭的功劳。而且他当年接受范仲淹的劝告，认真读书，熟悉兵法，与一般有勇无谋的粗人不同。征讨侬智高时，昆仑关一役充分表现出他的谋略过人。

这样一个能谋善战的国家干将，大家是应该钦敬的。哪知当时白天子以至于庶人，都囿于成见，对他的出身和脸上的黥文总有点轻蔑或歧视，这当然在精神方面给他很重的打击。他脸上的黥文，本极易用药除去，譬如真宗时杨妃的兄弟杨景宗，曾"以罪隶军，黥黑，至无见肤"，"既贵，遂用药去其黥痕，无芥粟存者，而肥皙如玉"。（魏泰《东轩笔录》）这就是前例。但他宁肯违背皇帝的旨意，也不愿这样做。一方面可以看出他个性坚强，不徇流俗，同时也可想见他内心是很痛苦的。

宋仁宗皇祐四年（公元 1052 年），狄青升任枢密副使，第二年他领兵镇压侬智高，出敌不意，夜度昆仑关，所向披靡，一举歼灭敌人。班师回朝后，他就任枢密使，但是很快被人诬陷而去职，出判陈州而死。是谁诬陷狄青呢?始作俑者是时任御史中丞的王举正等人，但诬陷狄青最深者是时任翰林大学士的欧阳修。

欧阳修（公元 1007 年—公元 1072 年），是北宋文学家，仁宗天圣八年（公元 1030 年）中进士，参与范仲淹推行的庆历新政。仁宗嘉祐年间拜枢密副史、参知政事、刑部尚书、兵部尚书等职。他还是宋初文坛领袖，著有《新唐史》和《新五代史》等史学著作。他的散文对后世影响很大，是唐宋八大家之一。欧阳修为什么要陷害狄青呢?《宋史·欧阳

修传》载："狄青为枢密使，有威名。帝不豫，讹言籍籍。修（欧阳修）请出之（指狄青）于外，以保其终。遂罢知陈州。"

《续资治通鉴》载："臣（指欧阳修）观枢密使狄青，出自行伍，遂掌枢密。三四年间虽未见过失，而不幸有得军情之名。武臣掌国机密而得军情，岂是国家之利！欲乞罢青（狄青）枢务，任以一州，既以保全之，亦为国家消未萌之患。""书凡再上，留中不出。"

《啸亭杂录》载："有宋一代，武臣寥寥，惟狄武襄（狄青）立功广南，稍有生色，仁守置诸枢府甚为驾驭得宜。乃欧阳公（欧阳修）露章劾之（狄青），至恐其有他心，岂人臣为国爱借人才之道？狄公（狄青）终以忧愤而卒。其后贼桧（指秦桧）得以诬陷武穆（指岳飞）者，亦袭（欧阳修）故智也。"'

以上这三条史料虽出自不同的史书，但都明确指出是欧阳修劾奏与诬陷狄青，致使狄青被排挤去职的。只是在语气和原因上有所区别。《宋史·欧阳修传》只是说狄青任枢密使有威名，而宋仁宗病重，社会上有许多流言飞语。为爱护狄青，欧阳修请示罢免狄青枢密使之职，贬为陈州知州，没有点出狄青有野心，因而语气上显得轻。

《续资治通鉴》对欧阳修诬陷狄青的原因揭示得十分具体：一是狄青为行伍出身却掌握枢密大权ј也就是说，行伍出身的狄青不配当枢密使，不能掌握枢密大权，这就表明欧阳修对出身行伍的狄青采取歧视的态度。二是狄青太了解军情，尽管他任职三四年都没出现过什么差错，但是武臣掌管军事，这对国家来说是最大的危险。基于这两方面的原因，欧阳修请宋仁宗罢去狄青的枢密使之职，而且是多次请求，"留中不出"就是说欧阳修连着上了多次奏折，但宋仁宗都不批准。

于是，为了能使宋仁宗罢免狄青，公元 1056 年时任翰林学士的欧阳修上奏仁宗，欧阳修在这次奏折上就直接点明要罢免狄青的理由是"为国家消未萌之患"，这实质上就是诬陷狄青有篡位野心。宋仁宗看到欧阳修这一奏折，极为重视，不超过一个月，就"以熟状"（宋代的一种任免方式）罢免狄青枢密使之职，贬到陈州任州判。这条史料揭露了欧阳修诬陷狄青的目的，因而在语气上明显比第一条史料重得多。

第三条史料是说欧阳修担心狄青有篡位野心，而给宋仁宗上奏折并公布，请示罢免狄青枢密使之职。同时，将欧阳修与秦桧相提并论，认为秦桧诬陷岳飞是仿照欧阳修诬陷狄青那样去做的，揭发了欧阳修诬陷狄青所造成的影响。原因是清楚的，语气也是重的。

综合上述三条史料所揭示的内容，我们不仅可以看出欧阳修诬陷狄青，使狄青被罢去枢密使之职的情况是确实的，而且我们还清楚地看到欧阳修诬陷狄青的原因和目的。欧阳修诬陷狄青的原因，是他认为行伍出身的狄青掌管了国家的军事大权，了解、掌握许多军事机密，且又有威名，深受士卒拥戴，因此会有篡位的野心。欧阳修诬陷狄青的目的，是"为国家消未萌之患"。

此外，宋朝"得天下"的手段和在治国上所施行的国策即推行的政治路线，是欧阳修诬陷狄青的又一重要原因，即背景原因。宋朝开国皇帝赵匡胤是靠手中掌握的兵权，趁周世宗不幸早逝，留下孤儿寡母，以出兵戍边为借口，发动了"陈桥兵变"，"黄袍加身"而当上皇帝，取得天下的。

因而，宋朝历代皇帝就一直忌惮武臣，特别是忌惮武臣掌兵权。所以，宋太祖赵匡胤一上台，就立即采取了加强中央集权的各项措施，巩固他的封建统治。北宋中央集权，最为重要的就是兵权。为了集中兵权，防止各藩镇如唐末五代的朱温、李存勖、石敬瑭、刘知远、郭威以及赵匡胤自己那样的拥兵自重，威胁中央，甚至当了皇帝，因此，赵匡胤一上台就采取了"杯酒释兵权"的手段，以高官厚禄为条件，削去藩镇重

将的兵权，派文官指挥军队。

如有战事，则临时委派统兵将领，使调兵权与统兵权分开，防止兵变的发生。在禁军制度上，形成了"将不得专其兵"、"兵无常帅"、"兵不识将，将不识兵"的局面，使禁军将领难以拥兵割据。

同时，加紧完善确立选官制度即科举制，使宋朝形成文官治国的政治体制。宋朝忌惮武将和文官治国的这一"重文轻武"的政策，虽然有效地削除了武将专权而加强了中央集权，但却形成了轻视武将的风气，从而也就削弱了军队抵御外侮的战斗力，造成了"积弱"的局面。欧阳修之所以敢于诬陷狄青，也正是宋朝忌惮、轻视武将和"重文轻武"的国策所造成的。

宋自开国以来，极力压低武将的地位，以绝其觊觎之心，把扬文抑武作为基本国策。从宋太祖的"杯酒释兵权"，分割禁军统帅的权力，到实行"更戍法"，使"兵不知将，将不知兵"，直至发展到凡将帅出征，要由朝廷授以阵图，将帅只能按图作战的荒唐地步。在这样的政治环境中，随着狄青官职的升迁，朝廷对他的猜忌、疑虑也在逐步加深。

早在皇祐四年（公元 1052 年）狄青任枢密副使时，御史中丞王举正就认为，狄青出身行伍而位至执政，"本朝所无，恐四方轻朝廷"。右司谏贾黯上疏皇帝，说狄青升官有四不可，御史韩贽等人亦皆附和。在侬智高纵横岭南，满朝文武惊慌失措，狄青受命于危难，率兵出征之际，朝廷在欣喜之余，也仍然不忘"狄青武人，不可独任"，要以宦官任守忠监军，监视狄青。后因谏官李兑力言"唐失其政，以宦者观军容，致主将掣肘，是不足法"，朝廷也迫于形势紧急才作罢。到狄青还朝做了枢密使时，这种疑忌和不安达到了顶点。臣僚百官纷纷进言，不仅始终反对狄青做官者如王举正竟以罢官威胁，就连原来屡屡称颂狄青战功，誉之为良将的庞籍、欧阳修等人也极力反对任命狄青。

难道是狄青居功自傲，怀有异心而招致众议吗?恰恰相反，狄青始终对朝廷忠心耿耿。在他做了枢密副使之后，脸上仍保留着宋代军士低贱的标记——黥文。宋仁宗曾劝他用药抹去，狄青回答说："陛下以功擢臣，不问门第，臣所以有今日，由此涅尔，臣愿留以劝军中。"他首先想到的是鼓舞士气，而不是自己做官的尊严。在侬智高败逃之后，有人曾主张报侬智高已死，以此邀功，狄青却以为"不敢诬朝廷以贪功"。

史称他"为人慎密寡言，其计事必审中机会而后发。行师先正队伍，明赏罚，与士卒同饥寒劳苦——尤喜推功与将佐"。狄青的品行和武功在朝野广为传颂，京师的百姓"诵咏其材武。青每出入，辄聚观之，至壅路不得行"。就连力主罢免他的文彦博也称他"忠谨有素"。欧阳修在嘉祐元年（公元 1056 年）七月上疏请罢狄青，洋洋数千言，举不出一条有力罪证，反而称赞他，"青之事艺，实过于人"，"其心不恶"，"为军士所喜"，任枢密使以来，"未见过失"。

那么罪名是什么呢?他不得不假托虚妄的阴阳五行说，把当年的水灾归罪于狄青，说："水者阳也，兵亦阴也，武将亦阴也。"今年的大水就是老天爷因为狄青任官而显示的征兆。简直是无中生有，罗织罪名。为什么朝廷如此急于除掉狄青呢?文彦博说得明白，就是因为"朝廷疑耳"。在文彦博请罢狄青时，宋仁宗说"狄青是忠臣"，文彦博立即反驳说，"太祖岂非周世宗忠臣"。公元 1056 年，仁宗生了一场病，后来慢慢康复，大臣刘敞上疏说："天下有大忧者，又有大可疑者，今上体平复，大忧者去矣，而大疑者尚存。"竟把狄青树为朝廷最大的威胁。在这种猜忌、疑虑达到顶峰的时候，谣言纷起，有人说狄青家的狗头长角，有人说狄青的住宅夜有怪光，就连京师发水，狄青避于相国寺，也被认为是要夺取皇位的行动。嘉祐元年（公元 1056 年）八月，仅做了四年枢密使的狄青终于被罢官，出知陈州，离开了京师。

　　狄青到陈州之后，朝廷仍不放心，每半个月就遣中使，名曰抚问，实则监视。这时的狄青已被谣言中伤搞得惶惶不安，每次使者到来他都要"惊疑终日"，唯恐再生祸乱，不到半年，发病郁郁而死。这位年仅49岁，曾驰骋沙场，浴血奋战，为宋王朝立下汗马功劳的一代名将，没有在兵刃飞矢之中倒下，血染疆场，马革裹尸，却死在猜忌、排斥的打击迫害之中。

　　狄青之死，据《宋史·狄青传》所记，是因为"疽发髭"，这不过是近因。依我们看来，狄青之死是多年忧虑惊恐的结果。他为国家血战立功，而一般人却讥笑他、轻视他、侮辱他、以科第自负的文臣，更随时欺负他、压迫他，怎教他不愤懑？他是很忠于国家忠于朝廷的，而一般人却要散播他的谣言。与他不和的文臣，便搜集关于他的谣言想陷害他，怎教他不忧虑、不惊恐？他若不是遇事谨慎，恐怕早已遭祸了。谣言越来越多，以致皇帝也怀疑、猜忌他，将他罢免，使他格外惊恐。他抱着颓丧的心情走向陈州，已自知不久于世。假使在陈州的生活稍微安静一点儿，他也许可以多活几年。

　　哪知宋仁宗和文彦博还是不放过他，每月两次遣使探视他的近况。他一听有使者来，即"惊疑终日"，不久他便"病作而卒"了。这样恐吓他，是文彦博的设计，但一定得到了宋仁宗的同意，如果宋仁宗要保全他，绝不会有如此的结局。

　　中国古代的名人，往往因愤懑忧虑而"疽发背死"，如范增、刘表，都是很著名的例子。狄青的发疽，与他的心境是很有关系的。不过他疽发于髭，不像范增、刘表疽发于背罢了。

　　狄青之死，可不是明显的被杀，他是被时代和环境杀死了。不明显的被杀，比明显的被杀还惨。提到岳飞的死，大家同声感慨，提到狄青的死，有几个为他抱屈的？

北宋采用重文轻武的国策，终自食其果，在后来的民族战争中，一直处于被动的地位。到宋神宗登基，希图重振国威，但又苦于朝中没有能征善战之人，这才又想起了狄青，他亲自撰文，派使者到狄青家祭奠亡灵，并将狄青的画像挂起，但已于事无补，只能是叹息国势日颓，发思古之幽情而已。

 柳永填词的背后

白衣卿相柳永（约987年—约1053年），崇安（今福建武夷山）人。北宋词人，婉约派最具代表性的人物，代表作《雨霖铃》孰原名三变，字景庄。后改名永，字耆卿。排行第七，又称柳七。宋仁宗朝进士，官至屯田员外郎，故世称柳屯田。

柳永的父亲、叔叔、哥哥三接、三复都是进士，连儿子、侄子都是。柳永本人却仕途坎坷，景祐元年（公元1034年），才赐进士出身，是时已是年近半百。柳永词作极佳，流传甚广，其作品仅《乐章集》一卷流传至今。描写羁旅穷愁的，如《雨霖铃》、《八声甘州》，以严肃的态度，唱出不忍的离别，难收的归思，极富感染力。

柳永一生都在烟花柳巷里亲热唱和，大部分的词诞生在笙歌艳舞、锦榻绣被之中，当时歌伎们的心声是："不愿君王召，愿得柳七叫；不愿干黄金，愿得柳七心；不愿神仙见，愿识柳七面。"柳永晚年穷困潦倒，死时一贫如洗，是他的歌伎姐妹们集资营葬。死后亦无亲族祭奠，

每年清明节，歌伎都相约赴其坟地祭扫，并相沿成习，称之"吊柳七"或"吊柳会"。

柳永一生在仕途上抑郁不得志，独以词著称于世。他为人放荡不羁，终身潦倒。其词多描绘城市生活的繁华，歌伎悲欢、愿望及男女恋情，尤长于抒写羁旅行役之情。此外也有些反映劳动者悲苦生活、咏物、咏史、游山玩水等等。创作慢词居多。铺叙刻画，情景交融，语言通俗，音律谐婉，在当时流传很广，对宋词的发展有一定影响。《雨霖铃》《八声甘州》《望海潮》等颇有名。但作品中时有颓废思想和庸俗情趣。诗仅存数首，《煮海歌》描写盐民贫苦生活，甚痛切。

柳永是北宋第一位专业词人，他精通音律，尤其熟悉歌伎们演唱的民间乐曲，加之他长年往来于秦楼楚馆，流连于教坊歌台，受到了乐工、歌伎的影响，才得以创造出以白描见长，铺叙点染、状抒情致的柳体词。与皇帝贵族相比，柳永是仁爱的。他的词对聪明多慧而又不幸的歌伎深表同情，写出了她们对正常人生活的想往，对真挚爱情的追求，因此柳永受到了她们的爱恋和尊重。

柳永历经宋真宗、仁宗两朝四次大考才中了进士，这四次大考共取士916人，其中多数人都顺顺利利地当了官，有的或许还很显赫，但他们早已被历史忘得干干净净，然而柳永却至今还享有殊荣。

当时无人欣赏柳永的才华，只因其不咏家国天下。柳永不是没有雄心壮志，而是不得志，就像他《少年游》中曾道："狎兴生疏，酒徒萧索，不似少年时。"不过在当今他也终于为世人承认，在中国词艺术上有了他该得的名位。

柳永一生仕途不顺，但是在诗词领域却成就卓越，"凡有井水处，即能歌柳词"，就是对他在词上贡献之大的真实写照。他自称奉旨填词，究竟又是怎么一回事呢？

柳永的才名远播而功名却仍未就，有一件事还让他有了罪名。公元1017年第一次赴京赶考，没有考上。他轻轻一笑，填词道："富贵岂由人，时会高志须酬。"等了五年，第二次参加科考又没考上。不服输的柳永沉不住气，由着性子写了一首牢骚极盛而不知天高地厚的《鹤冲天》："黄金榜上，偶失龙头望。明代暂遗贤，如何向?未遂风云便，争不恣狂荡?何须论得丧。才子词人，自是白衣卿相。烟花巷陌，依约丹青屏障。幸有意中人，堪寻访。且恁偎红翠，风流事，平生畅。青春都一晌。忍把浮名，换了浅斟低唱。"

很明显这是一首发牢骚的词，说的是我没考上有什么关系呢?只要我有才，也一样会被社会承认，我是一个没有穿官服的官。要那些浮名有什么用呢?还不如抛弃它，把酒高歌。

发牢骚的柳永只图一时痛快，压根没有想到就是那首《鹤冲天》铸就了他一生辛酸。落榜的书生写了几句调皮的诗句本没有什么，然而柳永不知自己的名字和词作已经覆盖了远近的市井巷陌、楼堂馆所，更不知道，在某些阴暗的角落，有人在窥视他的行迹，有人在分析他词作中的不安定因素。

没有几天，柳永的《鹤冲天》就到了宋仁宗手中。仁宗反复看着、吟着，越读越不是滋味，越读越恼火。特别是那句"忍把浮名，换了浅斟低唱。"真是刺到了宋仁宗的痛点上。三年后，柳永又一次参加考试，好不容易过了几关，只等皇帝朱笔圈点放榜。谁知，当仁宗皇帝在名册上看到"柳永"二字时，龙颜大怒，恶狠狠地抹去了柳永的名字，在旁批道："且去浅斟低唱，何要浮名?"皇上轻轻的一笔，彻底把柳永推到市民堆里去了。

柳永只好自我解嘲说："我是奉旨填词。"从此他终日流连于歌楼伎馆，他的文学才华和艺术天赋与这里喧闹的生活气息、优美的丝竹管弦、

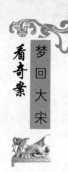

多情婀娜的女子产生了共鸣。仕途上的失意并没有妨碍他艺术上的创造，可以说，正是这种失意造就了独特的词人柳永，造就了独特的"俚俗词派"。

被除名的柳永，玩世不恭地扛着"奉旨填词"的御批招牌，浪迹江湖。深入歌楼舞场，堂而皇之地贯彻落实仁宗的圣旨，夜以继日地"浅斟低唱"。

柳永浪迹于歌楼伎馆，以卖词为生，这样生活了17年。然而就是这17年，成就了他日后在中国文学史上的盛名。17年后，在柳永47岁那年，他将名字改成了柳永（之前叫柳三变）方才考中进士，做了几任小官，做过睦州掾官、定海晓峰场盐官和屯田员外郎等小官，故世号"柳屯田"。也有资料说，在这之前，他也曾做过一任余杭县宰，为官清廉。对柳永而言，很难说他的经历是幸运的还是不幸的。然而，对于中国文学尤其是宋词来说，这段"奉旨填词"的遭遇却绝对是大幸。

宋仁宗为何不用柳永？有两种说法：一种认为宋仁宗深受理学熏陶，容不得杂门旁学。对柳永进行打击，是出于一种狭隘心理。柳永违反封建礼教的作风，让宋仁宗很反感，一曲《鹤冲天》更是惹恼了他。

一种认为，柳永仕途坎坷完全是咎由自取，宋仁宗不用他是有道理的。宋仁宗当政时，比较重视政治建树，所以他主张净化文化，对有腐蚀作用的艳词淫曲持反对态度，而柳永好为这些词曲，正好与宋仁宗的主张大相径庭，故而宋仁宗看不上他，不用他。

对于柳永奉旨填词，不受宋仁宗重视的历史事件，还是要根据一定的历史进行具体的分析，任何一种偏执的说法和做法，都是不可取的。

中国古代纪史的文化传统，到宋代也表现得更为浓烈。首先，政府十分重视当代史的编修工作，史馆组织相当严密，修史制度也比较健全，《起居注》、《时政记》、《日历》、《实录》、《国史》、《会要》，种类颇多，卷帙浩繁。其次，在士大夫中，私修和编写当代史著作也蔚为风气，现代存留下来的几部重要史籍，如《续资治通鉴长编》、《东都事略》、《建炎以来系年要录》……都是私人修撰的。另外，在士大夫们的文集中，也大量保存了一些当代史料的记录。再加上雕版印刷的普遍推广和活字印刷术的发明，许多大部头的书籍开始印刷发行，尽管在宋金之际、宋元之际乃至元明之际的战争岁月中，许多史籍都遭到被毁的浩劫，但从总体上而言，宋代保存下来的史料要远远超过前代。

宋朝颇为丰富的史料，为后人研究大宋王朝提供了较好的基础。然而不要以为这些史料就能较准确地反映历史真相，如何判断有关史料的

真伪价值，是一个非常复杂的问题。首先，要知道任何史料的作者都是具体的个人，任何人都存在从自己的角度去看问题的局限，一些事情的记载就难免出现一定的错位，如果对同一事件没有多种史料和不同角度的考量，就很有可能产生对历史的误读。反过来，如果同一事件有多种史料和不同角度的解说，往往又会产生一系列的分歧和疑问，乃至形成一个个历史之谜。如何破解这些疑问和难题，都是历史研究者和爱好者必须面对的现实。所以读史者不能迷信书本，而须努力拨开史料记载中的重重迷雾，才能逐步接近历史的真相。

提起宋朝，我们还会想起一个人，比宋朝历任皇帝都出名，他就是朱熹。从他的论著里，我们大都以为宋明理学是对中国妇女迫害的开始和典范。认为宋朝的女人地位卑微，"男尊女卑"、"三从四德"、"夫为妻纲"，还有"男女授受不亲，笑不露齿，大门不出、二门不迈，饿死事小、失节事大，贞节牌坊，裹脚布，小脚老太太"都是在描述宋朝的女人们。可是，我们又能从宋朝的书和诗歌里感觉到宋朝女人其实是相当有地位的，比如"胭脂虎"、"河东吼"等怕老婆的民间故事都是发生在宋朝，可见，宋朝的女人和这个王朝一样充满矛盾冲突的艺术感。如果你羡慕美貌与智慧并存的女人，那么你一定会欣赏费贵妃；如果你好奇什么样的女人可以让天子不爱江山爱美人，那你一定要读读大小周后的故事；如果你知道狸猫换太子的故事，那么你一定要从女人的角度去体会一下刘娥这位不孕母亲的纠结人生；如果你知道宋朝最有话题谈资的女人潘金莲，那你一定要再看看一个女人让历来评论褒贬两难休到底是何缘由；如果你知道水浒里惊鸿一瞥的一代名妓李师师，那你一定对这位"飞将军"纠缠在天子与草寇之间的另类传奇感兴趣；如果宋朝男人的历史充满政治博弈和外族战乱，那么宋朝女人的历史则充满意乱情迷和哀伤凄婉。

中国古代王朝专制统治后期出现的政治动乱，形成为一种周期性的大动荡、大破坏，其大规模的战争和肆无忌惮的杀戮，对前政权所创造和保存的文化成果往往采取毁灭性手段，造成令人痛心且无法弥补的大损失。其中许多珍贵的史料因此流散遗失，也在客观上造成许多历史难解之谜，君主专制体制还不时采用残酷的文字狱，对敢于直言的文人进行迫害，这更使知识分子的心灵遭受难以弥合的创伤。一些敢于写出鲜血淋漓的真实历史及其感受的文字遭遇封杀，许多人就此不敢直面史实，这又在主观上造成许多历史难解之谜。